高质量发展下
电网投资项目
数智化评价探索与实践

雷川丽 ◎ 主编

企业管理出版社
ENTERPRISE MANAGEMENT PUBLISHING HOUSE

图书在版编目（CIP）数据

高质量发展下电网投资项目数智化评价探索与实践 / 雷川丽主编. -- 北京：企业管理出版社，2025. 4
ISBN 978-7-5164-3212-9

Ⅰ. F426.61

中国国家版本馆CIP数据核字第2024Q28K15号

书　　名：	高质量发展下电网投资项目数智化评价探索与实践
书　　号：	ISBN 978-7-5164-3212-9
作　　者：	雷川丽
责任编辑：	蒋舒娟
出版发行：	企业管理出版社
经　　销：	新华书店
地　　址：	北京市海淀区紫竹院南路17号　邮编：100048
网　　址：	http://www.emph.cn　电子信箱：26814134@qq.com
电　　话：	编辑部（010）68701661　发行部（010）68414644 / 68417763
印　　刷：	北京亿友数字印刷有限公司
版　　次：	2025年4月第1版
印　　次：	2025年4月第1次印刷
开　　本：	170mm×240mm　1/16
印　　张：	11印张
字　　数：	138千字
定　　价：	66.00元

版权所有　翻印必究·印装有误　负责调换

编委会

主 编：雷川丽
副主编：陈 亮 肖振锋 贺雨晴
编 委：苏 黎 盛 鹂 杨 硕 蒋 童 刘 博 周剑晗 沙 舰
        刘郁猷 顾吉祥 何 婧 陈 锦 曹 杰 彭树勇 刘涣文
        卢志强 肖 柱 周立廷 陈文茂 何缘圆 黄子铭 李 云
        严勇华 陶俊娜 王小阳 王 炬 李 璨 阳海燕 刘金朋
        祝 艳 叶林清

前言

在高质量发展的新时代背景下，电网是国民经济的重要基础设施，其投资项目的科学性与精准性直接关系到能源安全、经济效率和社会效益。随着数字化转型浪潮的推进，传统的项目评价方法已难以满足电网投资精益化、智能化的需求。构建适应高质量发展的数智化评价体系，已经成为电网企业优化资源配置、提升投资效能的关键课题。

《高质量发展下电网投资项目数智化评价探索与实践》一书立足于理论与实践的双重维度，系统梳理了电网投资项目管理的制度规范、评价方法及技术工具，并结合数智化转型趋势，提出了创新性的评价机制与场景应用。本书旨在为电网企业管理者、研究人员及从业人员提供一套完整的数智化评价框架，助力电网企业实现从"规模扩张"向"精准高效"的转型。

本书的特色在于"三个结合"：一是理论与实践相结合，既涵盖国际卓越项目管理模型等理论框架，又融入电网基建、配网改造等真实案例；二是静态与动态结合，通过定量与定性指标的综合分析，实现项目全周期的动态评价；三是工具与场景结合，依托数据中台与画像技术，开发高风险预警、智能决策等实用场景，推动评价成果向管理效能转化。

本书适用于电网企业管理者、投资规划人员、科研工作者，以及对能源数字化转型感兴趣的读者。希望能为电网投资的高质量发展提供新的思路与工具，助力能源行业在数智化浪潮中行稳致远。由于编者水平有限，书中难免存在疏漏之处，恳请读者批评指正。

编　者

目 录

第一章 项目评价发展与形势 … 1

第一节 项目评价发展历程与现状 … 1
一、项目评价发展历史 … 1
二、电力行业项目评价发展 … 2

第二节 项目评价发展环境形势分析 … 3
一、项目评价外部环境形势分析 … 3
二、项目评价内部环境形势分析 … 5

第三节 项目评价发展提升 … 6
一、项目评价发展提升的主要问题 … 6
二、项目评价发展提升的主要方向 … 9

第二章 电网投资项目管理制度规范解析 … 10

第一节 综合计划类投资项目管理概况 … 10
一、综合计划类投资项目驱动指标 … 10
二、综合计划类投资项目投入管理 … 16

三、综合计划类投资项目管理模式⋯⋯⋯⋯⋯⋯⋯⋯⋯17
第二节　电网投资项目管理相关制度规范⋯⋯⋯⋯⋯⋯⋯⋯19
　　　一、电网投资项目管理准则⋯⋯⋯⋯⋯⋯⋯⋯⋯⋯⋯⋯19
　　　二、电网投资分类项目管理相关制度⋯⋯⋯⋯⋯⋯⋯⋯22
第三节　电网投资项目分部门管理相关机制⋯⋯⋯⋯⋯⋯⋯⋯41
　　　一、电网基建项目——相关部门管理机制⋯⋯⋯⋯⋯⋯41
　　　二、电网小型基建项目——相关部门管理机制⋯⋯⋯⋯42
　　　三、生产辅助技改项目——相关部门管理机制⋯⋯⋯⋯42
　　　四、电力市场营销项目——相关部门管理机制⋯⋯⋯⋯43
　　　五、电网信息化项目——相关部门管理机制⋯⋯⋯⋯⋯44

第三章　电网投资项目类别划分与内容体系⋯⋯⋯⋯46

第一节　电网投资项目类别划分⋯⋯⋯⋯⋯⋯⋯⋯⋯⋯⋯⋯46
　　　一、全面综合计划概述⋯⋯⋯⋯⋯⋯⋯⋯⋯⋯⋯⋯⋯⋯46
　　　二、A 计划：综合计划和融资租赁计划类⋯⋯⋯⋯⋯⋯46
　　　三、B 计划：成本性投入计划类⋯⋯⋯⋯⋯⋯⋯⋯⋯⋯47
　　　四、C 计划：外部投入计划类⋯⋯⋯⋯⋯⋯⋯⋯⋯⋯⋯47
第二节　电网投资项目基本内容概述⋯⋯⋯⋯⋯⋯⋯⋯⋯⋯48
　　　一、电网基建项目⋯⋯⋯⋯⋯⋯⋯⋯⋯⋯⋯⋯⋯⋯⋯⋯48
　　　二、电网小型基建项目⋯⋯⋯⋯⋯⋯⋯⋯⋯⋯⋯⋯⋯⋯48
　　　三、生产技改项目⋯⋯⋯⋯⋯⋯⋯⋯⋯⋯⋯⋯⋯⋯⋯⋯49
　　　四、生产辅助技改项目⋯⋯⋯⋯⋯⋯⋯⋯⋯⋯⋯⋯⋯⋯50
　　　五、零星购置项目⋯⋯⋯⋯⋯⋯⋯⋯⋯⋯⋯⋯⋯⋯⋯⋯50
　　　六、生产大修项目⋯⋯⋯⋯⋯⋯⋯⋯⋯⋯⋯⋯⋯⋯⋯⋯51

　　　　七、生产辅助大修项目……………………………………51
　　　　八、电力市场营销项目……………………………………52
　　　　九、电网数字化项目………………………………………53
　　　　十、研究开发项目…………………………………………54
　　　　十一、管理咨询项目………………………………………54
　　　　十二、教育培训项目………………………………………55
　　　　十三、股权投资项目………………………………………55
　　　　十四、融资租赁项目………………………………………56

第四章　电网投资项目评价指标体系……………57

　　第一节　电网投资项目评价指标体系构建思路及原则…………57
　　　　一、电网投资项目评价指标设计原则……………………57
　　　　二、电网投资项目评价指标体系构建思路………………59
　　第二节　电网投资项目评价指标体系构建及指标计量…………64
　　　　一、电网投资项目过程评价指标体系……………………64
　　　　二、电网投资项目效益评价指标体系……………………70

第五章　电网投资项目评价技术与理论方法…… 115

　　第一节　项目评价指标权重计量相关方法…………………… 115
　　　　一、层次分析法………………………………………… 115
　　　　二、德尔菲评价法……………………………………… 116
　　　　三、熵权法……………………………………………… 116

第二节 项目发展环境评价分析相关方法 …………… 117
    一、PEST 分析法 ……………………………………… 117
    二、SWOT 分析法 ……………………………………… 118

第三节 项目后评价相关方法 ………………………… 119
    一、逻辑框架法 ……………………………………… 119
    二、对比法 …………………………………………… 120
    三、成功度评价法 …………………………………… 121

第四节 项目效益及综合评价分析相关方法 ………… 121
    一、全寿命周期成本法 ……………………………… 121
    二、模糊综合评价法 ………………………………… 122

第五节 项目的指标数理统计分析方法 ……………… 123
    一、数据包络分析法 ………………………………… 123
    二、TOPSIS 评价法 …………………………………… 124
    三、物元可拓评价法 ………………………………… 124

第六节 现有评价方法应用总结 ……………………… 125

第六章 电网投资项目数智化评价机制设计 …… 127

第一节 电网投资项目数智化评价原则 ……………… 127
    一、电网投资项目数智化评价总体指引 …………… 127
    二、电网投资项目数智化评价具体原则 …………… 128

第二节 电网投资项目数智化评价体系设计 ………… 130
    一、电网投资项目数智化评价核心要素 …………… 130
    二、电网投资项目数智化评价机制 ………………… 132

第三节 电网投资项目数智化评价管理……………………… 134
  一、电网投资项目数智化评价管理原则……………… 134
  二、电网投资项目数智化评价管理核心模块………… 134
  三、电网投资项目数智化评价考核管理……………… 136

第七章 电网投资项目数智化评价支撑中台设计……………………………………… 138

第一节 电网投资项目数智化评价支撑中台方案设计………… 138
  一、电网投资项目数智化评价支撑中台架构设计…… 138
  二、电网投资项目数智化评价支撑中台核心指标设计 139
  三、电网投资项目数智化评价中台指标数据验证…… 141
第二节 电网投资项目数智化评价支撑中台开发及成果展示… 143
  一、电网投资项目数智化评价支撑中台开发设计…… 143
  二、电网投资项目数智化评价支撑中台成果展示…… 146
  三、示范应用现状……………………………………… 151
第三节 电网投资项目数智化支撑中台管理质效……………… 154
  一、管住前期…………………………………………… 154
  二、管住储备…………………………………………… 155
  三、管住执行…………………………………………… 155
  四、管住评价…………………………………………… 156

第八章　电网投资项目数智化评价场景设计及策略建议……… 157

第一节　电网投资项目数智化评价场景设计……………… 157
一、电网投资项目数智化评价场景设计思路……… 157
二、场景一：高风险项目预警……………………… 157
三、场景二：智能投资辅助决策…………………… 158
四、场景三：项目评价中台画像体系应用………… 159

第二节　电网投资项目数智化评价提升策略建议………… 160
一、拓展完善指标体系……………………………… 160
二、改进中台系统功能……………………………… 161
三、加强场景应用提升……………………………… 161

第一章

项目评价发展与形势

第一节 项目评价发展历程与现状

一、项目评价发展历史

项目评价是一门全球范围内广泛应用的现代技术经济学科，起源于西方国家。20世纪30年代，全球经济陷入萧条，自由放任的经济体制崩溃，一些西方政府为了促进经济复苏，开始实施新的经济政策，设立公共建设项目，公共项目评价方法因此诞生，并形成了现代项目评价原则。1936年，美国为了推进水利工程，颁布《国家防洪法》，正式规定使用成本效益分析法。现代项目评价的系统方法形成于20世纪60年代末，在此期间，一些西方发展经济学家专注于发展中国家项目评价的理论研究。1968年，牛津大学的里特尔教授和米尔利斯教授出版《发展中国家工业项目分析手册》，首次系统阐述项目评价的基本理论和方法。20世纪80年代以来，项目评价越来越受到各国政府，尤其是发展中国家政府的重视，成为银行贷款决策的重要依据，世界银行因此大力推进项目评价理论和实践的发展。世界银行在向成员国提供长期贷款的过程中，规定必须对所有贷款项目进行评价，评价结论是决定世界银行贷款与否的重要依据。为了提升成员国的项目评价能力，世界银行组织出版了一系列书籍，并为发展中国家培训专业技术人员，帮助这些国家制定适合本国国情的项目评价方法。

中国于 1980 年恢复其在世界银行的合法席位，并于 1981 年成立主要负责发放世界银行贷款的中国投资银行。1983 年，中国投资银行首次出版《工业贷款项目评估手册（试行）》，并在此后进行多次修订。在项目评价理论和方法的发展过程中，我国政府给予了高度重视。1987 年，中华人民共和国国家计划委员会首次正式公布《建设项目经济评价方法与参数》，并于 1990 年对其进行修订。自此，我国的项目评价方法逐渐成熟，并受到广泛重视，成为实现投资决策科学化、民主化、规范化的重要手段。

二、电力行业项目评价发展

电力行业项目评价主要侧重于项目后评价，即在项目投资完成后所进行的评价活动。通过对项目实施过程、技术水平、效果和效益、环境社会影响、可持续性等方面进行分析研究和全面系统回顾，并与项目决策时确定的目标及技术、经济、环境、社会等指标进行对比，找出差异和变化，分析原因，总结经验，吸取教训，获得启示，提出对策建议。通过信息反馈，改善投资管理和决策，从而提升科学决策能力和水平，以提高项目经济效益和社会效益。

随着项目后评价制度的不断完善，电网项目的管理体制也在不断完善。国家相继颁布《中央企业投资监督管理办法》（国资委令第 34 号）、《中央企业境外投资监督管理办法》（国资委令第 35 号）、《中央企业固定资产投资项目后评价工作指南》（国资发规划〔2005〕92 号）等文件，以健全政府投资项目后评价制度，规范项目后评价的工作程序、评价内容、成果应用和监督管理方式。

第二节 项目评价发展环境形势分析

一、项目评价外部环境形势分析

（一）政策方面

1. 国家监管力度加强

国家已经出台针对国有企业违规经营投资的责任追究制度和中央企业投资监督管理办法：对于经营状况不佳的企业，将逐步减少其投资；对违规经营的企业，将追究其责任。同时，输配电价改革已进入"强监管"阶段，有关机构对新增电网投资的有效性进行严格审核，低效投资将不被纳入核价范围。项目评价能够预先评估项目的投资效益，从而避免低效投资导致的经营不佳。

2. 政策性投资要求提升

随着国家脱贫攻坚、改善营商环境等政策的陆续出台，电网企业承担的社会责任日益重大，政策性投资的需求压力也随之增大。随着投资的增加，工程项目数量相应增多，项目评价工作将面临工作量大、情况复杂的挑战。

3. 数字化转型战略升级

企业的数字化转型坚持应以战略为引领，将数字化这一系统性的动态工程纳入企业战略层面进行统一研究与部署，利用数字化技术解决生产、服务等方面的痛点和难题，为企业、用户和社会创造更多价值。企业数字化正逐步取代传统的信息化，成为企业战略层面的重要组成部分，被视为企业的核心资产，其有助于企业在竞争中占据有利地位。数字化转型的本质是将战略思维升级为数字思维，利用新的数字技术为行业发展注入新的活力。数字化战略的制定是企业应用数字化技术、提升核心竞争力的关键，有助于企业在市场竞争中更快地抓住机遇。

（二）经济方面

1. 经济形势严峻

当前经营形势严峻，电网的盈利模式已从"吃价差"转为"准许成本＋合理收益"，国家对央企的资产负债率实行分类管控，国务院连续下调一般工商业电价，对企业经营要求日益提高。

2. 市场形势激烈

市场竞争激烈，增量市场的改革正在加速推进，综合能源服务迅速发展，受不确定性因素影响，电网投资风险不断增加。因此，电网企业必须以精准投资为核心，依法依规、科学高效地组织各类投资活动。

（三）技术方面

1. 项目评价标准提升

电网项目评价主要集中在配电网工程的后评价效益分析上，通过运用成功度评价模糊法和平衡计分卡绩效评价理论等模型，已经建成项目评价体系。然而，随着项目的技术升级、项目量的增长及精益化建设的需求提升，构建数智化项目评价体系需要更高的标准。

2. 数字化电网智能转型

随着工业4.0时代的到来，国内数字化转型的趋势和高质量发展的战略要求推动了对投资模式转型的数智化项目的需求不断增长。当前的技术能够更有效地处理大量且结构复杂的电网数据，电网企业数字化已成为主流，使数字化电网更加智能化、多元化，是电网企业面临的新目标。

二、项目评价内部环境形势分析

（一）投资目标精准化

为了实现源头精准、过程精准、成效精准的投资目标，电网企业必须强化精准投入，以科学规划为指导，注重安全、质量、效益和服务，全面履行政治、经济和社会责任，着力补齐短板、强化弱项，不断提升投入产出水平，因此，作为投资生产关键环节的项目评价，也必须及时进行。

（二）发展布局改革化

2021年6月，《国家电网有限公司关于"一体四翼"发展的指导意见》（国家电网办〔2021〕251号）发布，其提出"四个革命，一个合作"的能源安全新战略，阐述"一业为主、四翼齐飞、全要素发力"的发展总体布局。根据坚持价值导向的发展原则，坚持质量第一、效益优先，加强精准投资，提高投入产出效率，项目评价在质量把控中发挥不可替代的重要作用，因此，需要制定高质量发展的投入产出评价指标。同时，五大提升工程中涉及的智慧电网和质量提升等目标的实现，均离不开智能化评价的效用，如图1-1所示。

（三）项目系统数字化

近年来，国家电网有限公司总部一直重视数字化改革，贯彻整体发展和数字化转型的工作思路，推动电网数据资源的电子化和物联一体化智能运作。随着云计算和大数据技术的广泛运用，已经形成电网与数字化的深度集成体，但目前的集成体在系统支撑和数据技术的应用方面仍显不足，因此，尽管数据核心已经形成，电网数字化的进程仍任重道远。数智化项目评价体系的建立，可以在集成体的基础上，通过智能化和大数据分析技术构建成熟的系统，推动数字化改革进程。

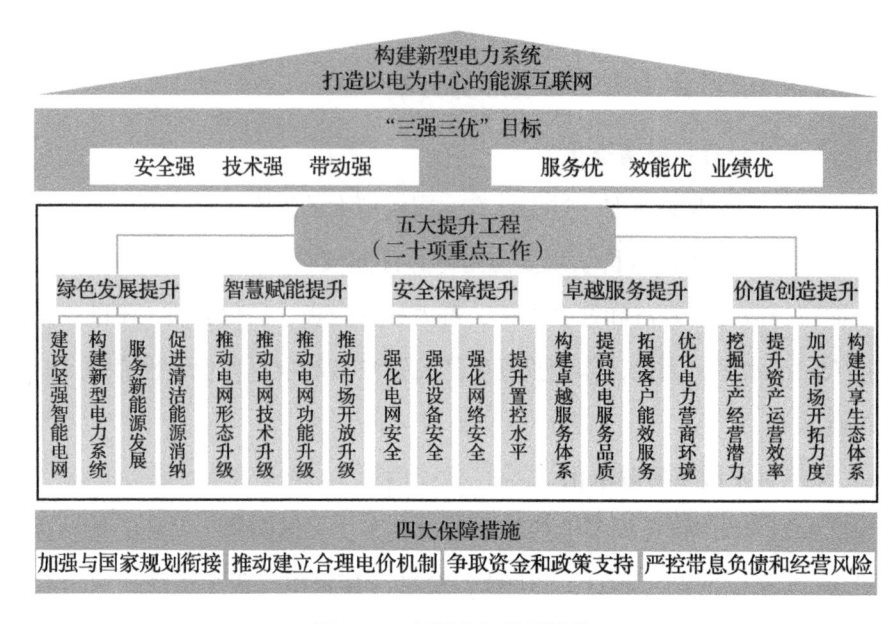

图 1-1 电网业务发展结构

（四）项目评价特色化

随着电网投资规模的持续扩大，投资总量不断增长，传统的评价方法已无法满足公司在高投入现状下对提升投资效率和效益的需求，因此，建立管用、能用、好用、实用、必用的具有地方特色的项目评价体系变得尤为迫切。

第三节　项目评价发展提升

一、项目评价发展提升的主要问题

（一）评价方法的局限性

1. 普适性不够

电网公司的投资计划主要通过综合计划管理来实施。综合计划通过对公司项目储备、计划编制、审批、下达、执行、检查、调整等全过程的管理，确保电网项目按照总体效益最优的方式进行投资，是推动电网和公司高质量发展的重要抓手。电网项目的每一类专项的业务目标都是不同的，产生的价值也不同，而现有的评价应用大多局限在某一个专项上，评价方法无法覆盖电网投资的所有专项的评价应用，其普适性尚需提升。

2. 维度单一化

目前的投入产出效益评价主要分为三个维度：

①单位或区域维度，对特定供电区域或供电单位的整体情况进行分析；

②某专项分析，针对某专项进行投入产出效益分析；

③具体项目分析，针对某具体电网项目的投入产出效益进行分析。

这些评价工作只在一个维度上建立了评价指标或标准，尚未形成完整的体系，无法实现从"点—线—面"维度进行项目的立体评价。

3. 执行效率低

目前，项目投入产出评价方法的执行效率较低，在实际工作中，评价主要依赖人工，通过工作小组或专家小组的形式，围绕特定主题开展评价分析。产生的评价模型或方法尚未转化为数字化工具或平台，导致评价执行效率较低，工作成效不明显。

（二）方法模式不匹配

1. 投资模式转变

投资模式由"大规模投资"转向"精准投资"，重点从规模发展速度转向质量和效率，从主要依赖增量扩能转向调整存量与做优增量并重，实现投资模式从"大步走"向"稳步走"的转型。

2. 成效缺乏考核

目前，项目评价侧重于项目完成后的评价，对于项目的建设效果仅通过项目完成后的指标进行分析，缺乏对预期项目成效的设定，无法考核项目成效，从而导致以下问题：

①改造效果不佳，针对有低电压、重过载、高跳、老旧改造等问题的项目，改造后，未能实现预期目标；

②低效投资，新建、变压器/台区改扩建项目自投产至检查日，平均负载率低于5%且最大负载率低于20%；

③投产未带负荷或竣工未投入使用；

④项目完成后未能投入使用，导致闲置；

⑤成品质量不达标或缺乏必要的佐证材料。

随着精准投资模式的实施，为避免这些问题的发生，需要建立新的项目评价体系，设定预期成效的考核指标，考核评价项目的立项依据和理由等，防止整改不彻底、低效投资甚至无效投资等情况的发生。

（三）评价管控效率低

1. 合规性不足

合规性不足主要体现在项目前期管理的不规范和不精准，存在未进行必要的修改、重复立项、立项不合规等问题，部分项目的必要性不足；存在先列计划占"盘子"后临时调整实施内容或未按计划实施等问题。

2. 管控不规范

在项目执行过程中，普遍存在安全、质量、进度、物资和流程等项目管理不规范的问题。

3. 职责落实不到位

普遍存在监管不严格，实施进度随意性较大，未按里程碑计划实施等问题。

4. 少数工程真实性存疑

少数工程存在竣工工程量与实际完成量不一致或工程量虚高，工程重复实施，甚至虚列工程等问题。

二、项目评价发展提升的主要方向

（一）管理效益方面

构建完善的项目评价指标体系，对项目的前期工作阶段、实施建设阶段、竣工验收阶段的及时性及规范性进行指标量化的全过程管控评价。全面提升项目的管控能力，实现项目的精益化管理。

（二）经济效益方面

构建完善的项目评价指标体系，强化项目执行和关键节点的管控，以及成效评估和项目评价考核。完善项目全过程管理措施，提高投资效率和效益，避免无效投资，降低低效投资，建立更高效、更高质量的投入产出关系，防范投资风险，提高投资管理效益，投资模式由"大规模投资"到"精准投资"，实现"大步走"向"稳步走"的转变，推动公司和电网业务的高质量发展。

（三）社会效益方面

构建完善的项目评价指标体系，支持项目投资决策，促进各地区项目投入的均衡发展。精准投资项目，完善电力基础设施，确保电网稳定高效运行，提升各地区企业及居民的用电满意度，提升服务品质，体现国企的社会担当。

（四）数智化建设方面

以项目中台建设为契机，全力构建项目中台评价中心，利用数字化工具开展项目评价工作，巩固项目评价体系，实现自动化评估。直观展示项目各个阶段的建设情况，为未来的投资提供宝贵的经验和教训，同时实现企业的数字化转型。

第二章

电网投资项目管理制度规范解析

第一节 综合计划类投资项目管理概况

综合计划基于对电网企业核心资源和发展需求的综合平衡与统筹优化,确立了公司全年的经营发展目标,是紧密围绕公司战略、全面衔接规划的年度系统性实施方案。综合计划管理包括指标管理和投入管理两部分。其中,指标部分与公司战略和规划相衔接,投入部分涵盖公司所有固定资产投资、股权投资和成本性项目投资;管理内容包括项目的常态储备、总控目标的确定与下达、项目预安排、计划的制订与实施、计划执行与过程管控、计划调整以及计划的考核与评价。

一、综合计划类投资项目驱动指标

综合计划指标以规划指标为指导,强调目标性和指导性,注重效率和效益,涵盖公司主要生产经营活动和年度发展目标,分为经营实力、核心技术、服务品质、企业治理、绿色发展和品牌价值六大类共33项,具体指标如表2-1所示。

表2-1 综合计划类投资项目驱动指标

方面	指标名称	指标说明	计算方式
经营实力	营业收入	营业收入是公司从事主营业务或其他业务所取得的收入总和	营业收入=主营业务收入+其他业务收入(注:不包括利息收入等非营业收入)

续表

方面	指标名称	指标说明	计算方式
经营实力	利润	反映公司盈利状况，包括利润总额和净利润	利润总额＝营业利润＋营业外收入－营业外支出；净利润＝利润总额－所得税费用
	资产总额	资产总额是公司拥有或控制的所有资产的价值	公司资产负债表资产总额
	资产负债率	资产负债率是公司负债总额占企业资产总额的百分比	资产负债率＝（公司负债总额÷公司资产总额）×100%
	经济增加值	经济增加值（EVA）是企业的税后净营业利润扣除全部资本成本后的剩余额	EVA＝税后净营业利润－资本成本＝税后净营业利润－调整后资本×平均资本成本率
	可控费用	可控费用包括检修运维费用和其他运营费用中的可控部分。其他运营费用包括人员、资产、营业规模、行为及政策动因类费用	可控费用＝检修运维费用＋其他运营费用中的可控部分（最终以财务口径为准）
	职工人数	单位在报告期末拥有的全部职工人数	经公司核准，在公司系统各单位工作，并由各单位直接支付工资的人员数量
	职工劳动生产率	公司创造的工业增加值与职工总数的比率	职工劳动生产率＝（劳动生产总值÷全部职工人数）×100%

续表

方面	指标名称	指标说明	计算方式
经营实力	售电量	售电量指的是向终端用户售出的电量，包括两部分：一是向本区（县）终端用户（含趸售用户）售出的电量；二是不经过邻区（县）电网而直接向邻区（县）终端用户售出的电量	售电量 = 向本区（县）终端用户售出的电量 + 不经过邻区（县）电网而直接向邻区（县）终端用户售出的电量
	省间交易电量	参与省间电力市场交易的电量	公司参与省间交易电量的规模
	市场化交易电量	反映全社会用电量中的市场化交易的电量规模	全社会用电量中的市场化交易的电量规模
	公司管理机组发电量	反映公司年度内发电机组的发电量	公司管理机组发电量规模
	当年电费回收率	反映应收电费欠费情况	当年电费回收率 =（1- 未达账电费金额 ÷ 当年应收电费总额）×100%。其中，未达账金额指截至统计时点在营销系统显示的欠费金额（含当年全部欠费、陈欠电费截至当前月计划回收值中仍未收回部分），或营销系统无欠费，但资金在途的电费金额
	市场占有率	公司售电量在全社会净用电量中所占的比例	市场占有率 =（公司售电量 ÷ 全社会净用电量）×100%；全社会净用电量 = 全社会用电量 – 厂用电量 – 公司线损电量

续表

方面	指标名称	指标说明	计算方式
经营实力	电网投资效率	反映公司单位电网资产的供电量	电网投资效率=当年供电量÷上年末电网资产总额
	境外电网运营规模	公司境外全资或控股公司运营输配电网的规模	境外电网运营规模=公司境外全资或控股公司运营的所有电压等级输配电线路长度+输配电变电（换流）容量
	金融资产管理规模	期末金融单位表内资产与受托管理资产的总和	金融资产管理规模=金融单位资产总额+受托管理资产
	新兴业务收入规模	14类新兴产业集群在当年内培育业务所获得的营业收入	新兴业务收入规模=14类新兴产业营业收入总和
核心技术	研发（R&D）经费投入强度	研发（R&D）经费投入与营业收入比值	研发（R&D）经费投入强度=[研发（R&D）经费投入÷营业收入]×100%。研发（R&D）经费投入是为实施科学研究与试验发展而实际发生的全部经费支出，包括日常性研发（R&D）经费支出，购买固定资产、新技术、科研设备等支出，及其他支出等三部分
	电网设备运行可靠率	反映了在统计时间内，电网设备持续运行的能力	包括输电故障停运率、变电故障停运率和直流强迫停运率
	数字化发展指数	反映公司在业务上线率、信息化应用水平及促进新兴业务升级等方面的综合性指标	数字化发展指数=（0.25×设备联网率+0.25×产业数字化率+0.25×数字产业化率+0.25×产业带动系数）×100%

续表

方面	指标名称	指标说明	计算方式
核心技术	信息安全防护能力指数	从人防和技防两个维度，反映公司在网络安全防御、数据安全保护等方面的综合性指标	信息安全防护能力指数=0.2×网络安全防护体系建设成效+0.2×态势感知平台建设完成率+0.2×攻防对抗指数+0.2×自主可控安全指数+0.2×数据安全建设指数
服务品质	重大决策部署完成率	党中央关于国企改革发展和能源电力发展等的重大决策部署，以及公司重大决策部署的贯彻落实	重大决策部署完成率=（实际贯彻落实的决策部署÷应贯彻落实的决策部署）×100%
服务品质	电网频率合格率	电网频率在允许偏差范围内的时间占总统计时间的百分比	频率合格率=统计时段内频率合格时间÷统计时段总时间×100%
服务品质	综合供电可靠率	在统计期间内，用户有效供电时间与统计时间的比率，反映供电系统的持续供电能力	综合供电可靠率=（1−用户平均停电时间÷统计时间）×100%
服务品质	综合供电电压合格率	实际运行电压偏差在限值范围内的累计运行时间占总运行统计时间的百分比	综合供电电压合格率=0.5VA+0.5×（VB+VC+VD）÷3。其中，VA、VB、VC、VD分别是A、B、C、D类电压检测点的电压合格率
服务品质	客户服务满意度	客户期望值与实际体验的匹配程度	客户服务满意度=95598业务办理合规率×100−12398转办事件属实数×0.01−供电服务查实事件数×0.01

第二章　电网投资项目管理制度规范解析

续表

方面	指标名称	指标说明	计算方式
服务品质	业扩服务时限达标率	时限达标的业务办理数量占已归档业务总数的比重	业扩服务时限达标率=（业务办理时限达标的已归档业扩新装和增容流程数/已归档的业扩新装和增容流程数总和）×100%
企业治理	合规与风险管控水平	反映公司在合规管理和风险管控管理两个方面不发生系统性风险的综合性指标。其中，合规部分包括制度完备、决策规范、体系完善和运营合规四个方面；风险防范管理包括风险防范有效性、内控有效性、处置有力和服务优质四个方面	合规与风险管控水平=0.125×制度完备率+0.125×重大决策合法合规性审核率+0.125×合规体系完善率+0.125×重大业务合法合规审查、审核率+0.125×风险防范有效性+0.125×内部控制有效性+0.125×重大、重要案件督办率+0.125×重大改革发展事项法律参与度
绿色发展	线损率	线损电量占总供电量的比例	线损率=（供电量−售电量）÷供电量×100%
绿色发展	清洁能源利用完成率	根据各单位是否达到国家或公司规定的水电、风电、光伏发电利用率目标来设定	清洁能源利用完成率=年度水电利用率完成度×40%+年度风电利用率完成度×30%+年度光伏发电利用率完成度×30%。其中：年度水电、风电、光伏发电利用率完成度是各单位年度水电、风电、光伏发电利用率，高于国家或公司规定目标的，完成度为100%；低于目标的，每降低1个百分点，完成度减少10%，最低减至50%

续表

方面	指标名称	指标说明	计算方式
品牌价值	国际信用评级	公司在标普、惠誉、穆迪的信用评级	公司在标普、惠誉、穆迪的信用评级结果
	全球最具价值品牌500强	公司在Brand Finance发布的年度榜单排名	公司在Brand Finance品牌价值排名名次

以上33个指标为电网综合计划各个项目的相关指标，在进行后续项目管理时，电网企业需要将以上各项指标作为管理决策的参考数据进行评判。

二、综合计划类投资项目投入管理

根据专业管理要求，将综合计划类投资项目投入管理分为16个专项进行项目计划管理，具体如图2-1所示。

图2-1 综合计划类投资项目投入管理的16个专项

如图2-1所示，这16个专项全面概括了电网企业所有的经营投入项目，通过划分项目和创立项目专组部门，电网企业能够灵活具体地依据不同专业项目的实际需求，深入构建指标体系，实现专业化——专门化管理和细化管理，及时反馈并解决实践中出现的问题，专款专用。

三、综合计划类投资项目管理模式

（一）"战略＋运营"管理模式

总部的省级电力公司实施该管理模式，旨在增强各单位的自主统筹能力。在总控目标编制阶段，总部将明确各单位投入的总规模参考值，明确专项编制的原则和重点任务，随后，各单位将结合自身的经营实际情况，提出分专项的投入规模建议，具体方式如图2-2所示。

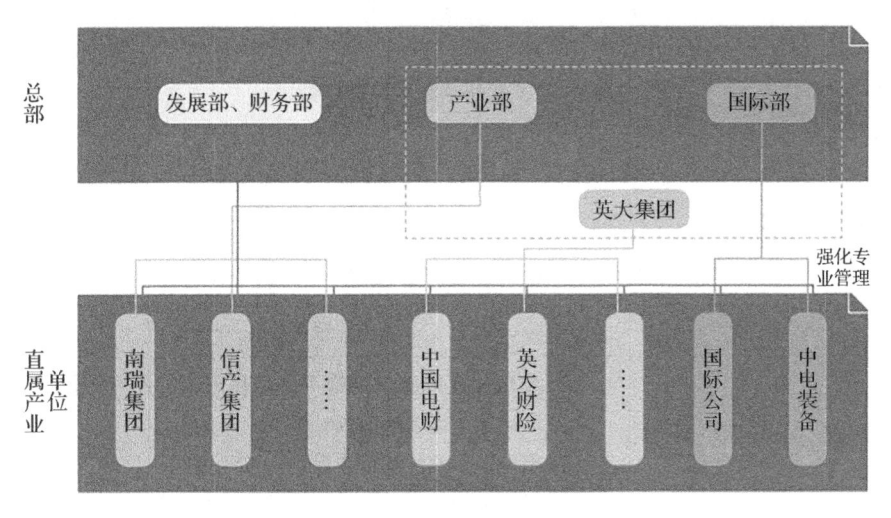

图2-2 "战略＋运营"管理模式

（二）"战略＋财务"管理模式

市场化产业、金融和国际单位实施该管理模式，重点在于强化市场导向力量。根据相关产业规划，结合市场形势，产业部、国际部及英大集团（除海投公司和雄安金融外）来统筹各项计划指标，并将其纳入公司的综合计划进行统一平衡决策，具体方式如图2-3所示。

管理模式

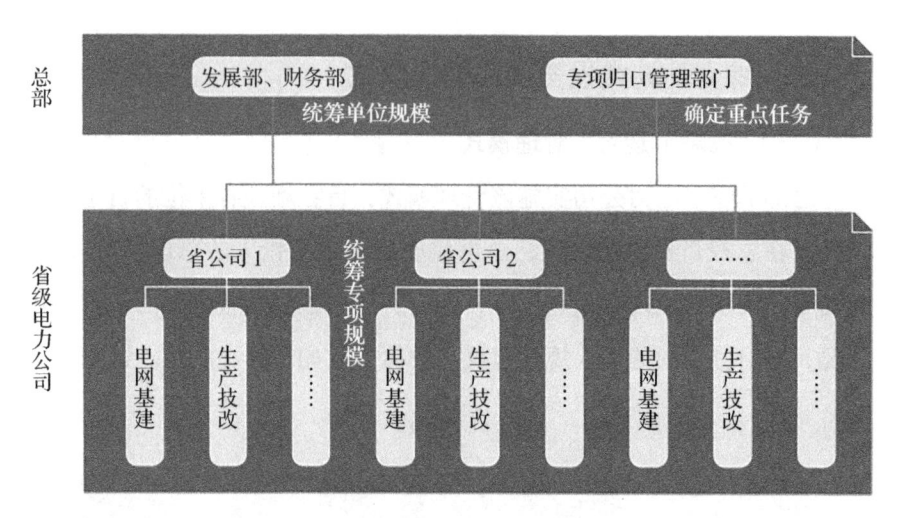

```
总部: 发展部、财务部（统筹单位规模） | 专项归口管理部门（确定重点任务）
省级电力公司: 省公司1、省公司2、……（统筹专项规模）
  每个省公司下：电网基建、生产技改……
```

图 2-3 "战略+财务"管理模式

各电网企业依据业务分类，应规范各部门的职责。各部门的职责如表 2-2 所示。

表 2-2 各部门职责

部门	职责
设备管理部门	①提出包括智能感知终端及信息接入在内的电网设备对技术功能的需求和建议； ②提出电网扩展性改造项目的需求和建议； ③提供电网规划所需的生产技术数据和资料； ④参与电网规划的编制与评审
营销（农电）部门	①提出重大用电项目电网发展的需求和建议； ②提供电网规划所需的营销数据和资料； ③参与电网规划的编制与评审
互联网（科信）部门	①组织提出泛在电力物联网对智能电网的需求和建议； ②提供电网规划所需的相关资料； ③参与电网规划的编制与评审

续表

部门	职责
通信管理部门	①提出电网通信设备对技术功能的需求和建议； ②提出电网通信发展的需求和建议； ③提供电网规划所需的电网通信相关资料； ④参与电网规划的编制与评审
调度部门	①提出电网调度系统发展的需求和建议； ②提供电网规划所需的调度运行数据和资料； ③参与电网规划的编制与评审
建设部门	①提出电网建设标准的需求和建议； ②参与电网规划的编制与评审
财务部门	①提出电网规划方案财务分析建议； ②提供电网规划所需的财务资产数据和资料； ③参与电网规划的编制与评审； ④在预算中编列电网规划工作专项费用

第二节　电网投资项目管理相关制度规范

一、电网投资项目管理准则

投资是将有形或无形资产投放于某种对象或事项以取得一定收益的活动，主要包括固定资产投资和股权投资。固定资产投资涉及在境内外新建、改扩建、购置固定资产；股权投资则包括通过让渡货币资金、股权、债权、实物资产、无形资产或法律法规允许作为出资的其他资产，以获得被投资企业的股权，享有权益并承担相应责任。为了加强电网企业的投资管理，严格规范投资行为，提升精准投资水平，提高投资效率和效益，推动企业实现更强、更优、更大的发展，电网企业应依据此准则进行投资。

（一）电网投资项目一般原则

1. 企业管理合理合法

公司系统集体企业应加强投资管理，规范管理流程，控制投资风险，按照"依法经营、稳健发展"的功能定位开展投资，以提升企业业务、服务质量和市场竞争力，确保获得合理收益。集体企业投资管理应按照公司集体企业的相关规定执行，以《中央企业投资监督管理办法》（国资委令第34号）等有关法律法规和制度作为基本依据。

2. 企业策略顺应发展

以企业发展规划为指导，优化结构、确保重点，聚焦主业，严格按照国资委审定的非主业投资比例，控制非主业投资，集中资金建设重点项目，确保规模合理、方向精准、时序科学，遵守投资决策程序，严格控制投资风险，提高投资回报水平。

3. 统筹兼顾优化效益

企业投资项目应以效益为中心，根据发展需求、投资能力和经营情况统筹安排。根据各级单位的功能定位，明确投资重点。

4. 投资分项专项管理

企业投资项目分为基本建设（包括电网基建、产业基建、电网小型基建），技术改造（包括生产技术改造、生产辅助技术改造、产业技术改造），零星购置，电力营销投入（资本性），电网信息化建设（资本性）和股权投资项目六个大项，并对其大项内部的分项进行专项管理。

5. 施行负面清单制度

企业执行投资项目负面清单制度。负面清单内投资项目分为"禁止类"和"特别监管类"。其中，"禁止类"项目禁止各级单位投资："特别监管类"项目由总部报国资委，国资委履行审核把关程序。负面清单之外的投资项目按公司的投资权限和管理流程执行。

（二）电网投资项目基本流程

企业应对投资实行"事前、事中、事后"全过程管理，涵盖项目规划、前期准备、计划安排、工程建设以及后期评估等阶段。

1. 规划管理

发展规划包括总体规划和专项规划，总体规划以专项规划为基础，并对专项规划进行统筹与平衡。企业应成立规划编制领导小组，负责审定企业的规划工作方案，明确规划边界条件和指标体系，审核总体规划和专项规划，并根据规划成果建立项目储备库，详细记录项目作用、建设规模、投资估算、投产年限等信息。

2. 前期管理

各单位应从本单位规划项目中筛选投资项目，开展前期工作，加强技术经济分析和可行性、必要性的论证，及时落实前期支持性文件，办理政府批复（含核准、备案等）。其中，投资项目的可行性研究报告是重点，报告内容需要涵盖项目建设的必要性、建设地点、建设规模、技术方案、投资估算、经济评价及融资方案等。项目完成可研编制工作后，应按照公司可研管理相关规定，分级审查、批复可研。

3. 计划管理

对投资项目实行全口径年度投资计划管理，并将其纳入企业综合计划和预算统一管理。年度投资计划应以效率效益为中心，以项目储备库为基础，根据各单位发展需要、投资能力和经营状况综合平衡确定，对于连续亏损或资产负债率较高的单位，应严格控制其投资规模。

4. 建设管理

投资项目实行项目法人责任制、资本金制、招投标制、工程监理制和合同管理制。总部和各单位按照投资决策权限，分别负责电网基建项目新开工项目备案。

二、电网投资分类项目管理相关制度

（一）电网基建项目投资管理制度

1. 项目投资管理原则

①严格执行国家、行业、公司的相关方针政策、法律法规和规章制度；

②以经济效益为原则，有效控制成本及周期成本；

③注重项目的质量把控管理，在经济的原则之上，优先保障基础的质量需求。

2. 项目投资管理范围

适用于公司建设管理的境内 35 千伏及以上输变电工程项目管理，其他工程可参照此规定执行。

3. 项目投资管理流程

（1）计划管理

统筹考虑均衡投产的需求，组织审查、修订电网建设进度计划并上报基建部门。

（2）实施管理

严格执行电网建设进度计划，有序推进工程建设，确保按期完成建设任务。重视工艺创新对缩短工期的促进作用，根据工程电压等级、气候条件等不同参数，合理确定输变电工程从开工到投产的合理工期。确保相应工序的合理施工时间，禁止随意缩短工期，若项目前期或工程前期等原因导致开工推迟，投产时间应顺延。

（3）协调管理

按照"统筹资源、属地协调"的管理原则，推进建设外部环境协调和内部横向工作协调的工作，提高建设协调效率，确保工程按计划实施。选择施工队伍时，应按照国家法律法规及公司的相关规定，遵循"公开、公平、公正和诚实信用"的原则，择优选择参建队伍。

（4）考核检查管理

建立基建项目管理逐级评价考核常态机制，根据年度基建项目管理的重点工作安排，制定相应的考核及评价标准，并定期开展逐级评价。建立基建项目管理创新激励机制，鼓励各单位在贯彻落实标准化管理要求的基础上，推进管理方式方法创新，经公司总结提炼和深入论证后，形成可推广实施的典型经验。建立业主项目部（项目管理部）工作评价机制，在工程投产后一个月内，由建设管理单位组织开展业主项目部（项目管理部）管理综合评价。建立项目经理持证上岗和评价激励机制，分层级评选"优秀业主项目经理"，以促进业主项目经理管理技能和业务水平的提升。

（二）电网小型基建项目投资管理制度

电网小型基建项目是指为企业生产经营服务的调度控制、生产管理、运行检修、营销服务、物资仓储、科研实验、教育培训用房和其他非经营性生产配套设施的新建、扩建和购置。电网小型基建项目投资一般包括前期费用、土地征用费用、工程建设费用及其他相关费用等。

1. 项目投资管理原则

①坚持为企业生产经营服务的原则，各级单位应统一规划、统筹平衡、科学安排本单位项目资源；

②电网小型基建项目应按照"勤俭节约、量力而行、保证重点、逐步改善"的原则，围绕公司发展战略，有效利用现有资源，根据需要优先配置生产经营所必需的设施；

③电网小型基建项目投资管理应坚持"统一管理、分级实施"的原

则，严格履行决策程序，规范投资行为，控制投资风险，确保投资可控、在控；

④项目投资必须符合国家政策法规和公司的相关规定。

2. 项目投资管理范围

本办法适用于公司各（分）部、各单位及其所属各级单位（含全资、控股和代管单位，以下简称"各级单位"）。产业基地生产经营服务的配套设施（如生产管理用房、科研实验、教育培训、生产辅助设施、倒班宿舍等）的新建、扩建和购置，将纳入产业基地建设工程项目管理，不纳入公司电网小型基建项目管理；而单独建设的生产配套设施，则纳入公司电网小型基建项目管理。

3. 项目投资管理流程

（1）前期管理

电网小型基建项目根据其使用功能可分为调度控制、生产管理、运行检修、营销服务、物资仓储、科研实验、教育培训及其他用房多个类别。具体来说，调度控制用房指的是各分部、各单位的运行调度控制楼。生产管理用房是地市公司级单位、县公司级单位的生产综合用房。运行检修用房涵盖省检修分公司及区域检修分部（市域工区）的用房，以及地市供电公司输、变、配运检工区、检修试验工区和市检修公司县域检修分公司的用房，还包括区县供电公司配电运检工区用房。营销服务用房是计量中心、供电服务中心、客服中心、供电营业所、营业网点等的用房。物资仓储用房是独立的生产库房及其附属用房。科研实验用房是科学研究实验及其附属用房。教育培训用房是技术及经营管理培训用房。其他用房则是指倒班宿舍、医疗卫生场所、离退休人员活动室等上述归类中未涵盖的项目。

对于拟纳入年度专项计划建议安排的项目，各级单位应组织开展方案论证工作，并编制电网小型基建项目建议书，同时将所需费用列入本单位年度预算。

（2）计划管理

公司应综合考虑发展需求和经营状况，合理规划年度电网小型基建项目，对于出现连续亏损和高负债的单位，应严格控制电网小型基建项目的建设。

电网小型基建项目专项计划建议编制应保障重点工程建设，优先安排续建工程建设，严格控制新建项目的启动。每年5月1日前，各级单位启动下一年度电网小型基建项目专项计划建议编制工作，并提出相应的项目建设需求；当年7月31日前，初评各单位电网小型基建项目专项计划建议，形成年度电网小型基建项目专项计划建议（含项目建议书），审核后提交至总部后勤部，图2-4所示即为项目申请书。其中，限上项目和限下项目均逐项上报；零星项目打捆将投资规模上报，但是需要细化到单个项目；禁止将项目分拆上报。

序号	公司名称	属地	用房类别	建筑名称	建筑面积（平方米）	建筑层数（地上/地下）	投运年份	使用人数	人均使用面积（平方米/人）	备注
说明	填写公司简称	按照省或市名或区名或县名	（一）调度控制	2005年后新建的填写当年度"综合计划"下达的名称	只填写数字，右对齐	分别填写地上和地下层数，如5/1，居中	只填写年份，如2008年，居中	填写目前使用人数，如26，居中	只填写数字并取整，如22，居中	
			（二）生产管理							
			（三）运行检修							
			（四）营销服务							
			（五）科研实验							
			（六）教育培（实）训							
			（七）物资仓储							
			（八）其他							

图2-4 电网小型基建项目申请书截图

（3）建设管理

各级单位应根据可行性研究评审的批复意见，按照规定委托具有资质的设计单位开展初步设计文件编制工作。后勤部及各单位应按职责分工，委托具有资质的单位组织项目初步设计评审，并批复初步设计，各单位组织评审的初步设计及批复文件须提交至后勤部备案。

各级单位严格按照批准的初步设计实施项目建设，切实采取措施控制工程造价，禁止擅自扩大建筑规模和提高建设标准。项目建设严格按照国家法律法规和公司建设管理的相关规章制度，实行"五制"管理（项目法人责任制、招标投标制、资本金制、工程监理制、合同管理制）。办理完成项目立项、用地批准、规划许可、施工许可等建设手续后，方可开工建设。

（4）监督考核管理

各级审计部门应对本单位及所属单位的电网小型基建项目进行全过程审计监督。同时，应将电网小型基建项目的管理情况纳入公司对企业负责人的业绩考核中，以提高其积极性。

（三）固定资产零星购置项目投资管理制度

1. 项目投资管理原则

①严格执行国家的方针政策、法律法规、行业标准和公司的相关规章制度；

②坚持经济节俭、优化配置，以确保零星购置的固定资产在安全、效能和周期成本方面达到最优。

2. 项目投资管理范围

项目投资管理的购置范围涵盖交通运输车辆（包括公务车辆、生产服务车辆）和其他特种运输（含船只等）设备，生产管理用工器具（包括制造、检修维护设备和生产、安全与应急工器具等），仪器仪表及测试设备（包括发电、输电、变电、配电、通信、营销、自动控制等专业测试设备、仪器仪表等），办公设备（如个人办公用电子计算机、打印机、复印机、扫描机、传真机等）及办公辅助设备（包括印刷机、电动切纸机、电动订书机等），摄录及图像编辑设备，通信设备等以及其他为生产生活服务的零购设备等。

3. 项目投资流程

（1）计划管理

实施项目制管理，并根据零星购置固定资产的性质和单项投资的规模，在计划编制中分为限上项目和限下项目两类进行管理，具体如图 2-5 所示。同时对于年度计划，首先要统一预算提前编制，经过审核之后下达实施，在实施过程中也可以根据实际情况调整，以提高效益。

××年度固定资产零星购置项目计划表

填报单位：
填报时间： 年 月 日

序号	项目单位	项目名称	项目类型	资产性质	固定资产分类	项目内容	计量单位	数量	投资（万元）	应用专业	备注
	合计										
一	限上项目										
1											
2											
……											
二	限下项目										
1											
2											
……											

图 2-5 固定资产零星购置计划表截图

（2）实施管理

一旦固定资产零星购置计划获得批准并下达，限上项目应严格按照资产的名称、数量、规格标准、执行期限等要求组织实施；限下项目应严格按照规模控制总量，并按照分解后的项目清单组织实施。同时要充分考虑物资的采购周期，切实做到有序、规范和高效，且采购价格应基于中标价。在零星购置的固定资产到货后，使用单位应根据相关标准和规定组织验收。验收合格后，应及时将相关的购置合同和单据等提交给本单位财务部门，以便办理入账手续。

（3）评价管理

每个月都需要在固定期限内完成对上个月固定资产零星购置项目实施情况的统计，并将统计报表连同其他相关文件一并报送汇总，具体申请表如图 2-6 所示。相关部门进行后评价，及时掌握固定资产零星购置计划的实施情况和执行效果。

固定资产零星购置申请报告

项目名称	
项目实施单位	
资产性质（公司总部/公司分部/省级公司/直属单位/直管/控股/代管）	
购置年度	
项目必要性	目前存量情况	
	存在的问题	
	配置必要性	
项目方案	配置方案（包含设备选型、实施时间等）	
	配置标准	
	废旧资产处置建议（附技术鉴定意见）	
项目投资（万元）	
效益分析	
购置明细							
名称	规格及型号	数量	单价（万元）	合计（万元）	单价依据	审核专业
编制：		审核：			批准：	

注：在填写本表时，要逐项填写各栏内容，避免留白，如内容过多无法在一页内填写完毕，可附加页面继续填写。项目单位按照地方级单位填写。

图 2-6 固定资产零星购置申请报告截图

（四）产业技改项目投资管理制度

产业技改是采用成熟、先进、适用的技术、设备、工艺和材料等，对现有的落后生产运行设备、设施及辅助设施进行完善、配套或进行全面的更新改造。产业技改形成固定资产，是企业的一种资本性支出。

1. 项目投资管理原则

①严格执行国家和行业、地方的相关政策、法律法规，落实公司的标准、制度、规定和反事故措施要求；

②坚持"安全第一，预防为主、综合治理"的原则，以安全生产为基础，以技术进步为引领，重点确保生产安全和节能环保，有计划、有步骤地进行；

③加强精益化管理，实现全过程闭环管理，优化资产在整个生命周期内的技术经济性能，注重提高本企业的经济效益和社会综合效益；

④规范项目实施管理，严格执行项目法人责任制、招投标制度、合同管理制度，并推广执行工程监理制。

2. 项目投资管理范围

适用于公司直属产业公司（以下简称"产业公司"）以及所属各级全资和控股企业产业技改。

3. 项目投资管理流程

（1）前期管理

对于产业技改和大修项目，应根据投资规模和项目性质来编制项目可行性研究报告或项目建议书。对于单项投入金额达到或超过 100 万元的项目，应编制项目可行性研究报告；对于其他项目，则编制项目建议书。对于工艺、技术复杂的项目，其可行性研究报告应由具有相应资质的单位来编制，其他项目的可行性研究报告和项目建议书可由各单位自行编制。可行性研究报告应包括项目建设必要性、项目方案、主要设备材料、投资估算、拆除设备处置等内容，同时，可行性研究报告应满足物资采购招标要求，对拆除、报废设备进行技术鉴定并提出处置意见。

（2）计划管理

公司对产业技改和大修项目实行年度投入计划和预算管理，并纳入公司年度综合计划和预算。产业部按照公司的统一要求，组织开展产业技改的储备工作。公司实行常态项目储备，完成可行性研究报告评审的项目由产业公司报送专项储备库，审核后纳入公司统一储备库，报送材料包括项目可行性研究报告、评审意见等。

每年10月上旬，产业公司基于项目储备情况，提出下一年度产业技改和大修项目的投入专项需求计划和预算建议，专项需求计划应详细列明各个项目。产业部依据规划指标和本年度计划执行情况，提出下一年度产业技改和大修项目的专项总控目标建议。每年11月中旬，产业公司按照公司综合计划和预算编制要求及总控目标，提出下一年度产业技改专项投入计划和预算建议，纳入综合计划及预算建议，统一上报公司总部。之后，公司统一下达年度产业技改和大修项目投入计划和预算，由产业公司组织实施。

（3）实施

产业技改项目的实施工作由具体的执行单位负责，这些单位应遵守公司招标采购的相关规定，妥善完成项目物资、设计、施工招标及设备监造等任务，切实做到有序、规范和高效，具体流程如图2-7所示。项目实施单位依据批复的可行性研究报告，编制初步设计文件（施工图设计）、工作任务书和费用预算。涉及技术复杂、工程量大、安全风险高的项目，应委托具有相应资质的单位编制设计文件。

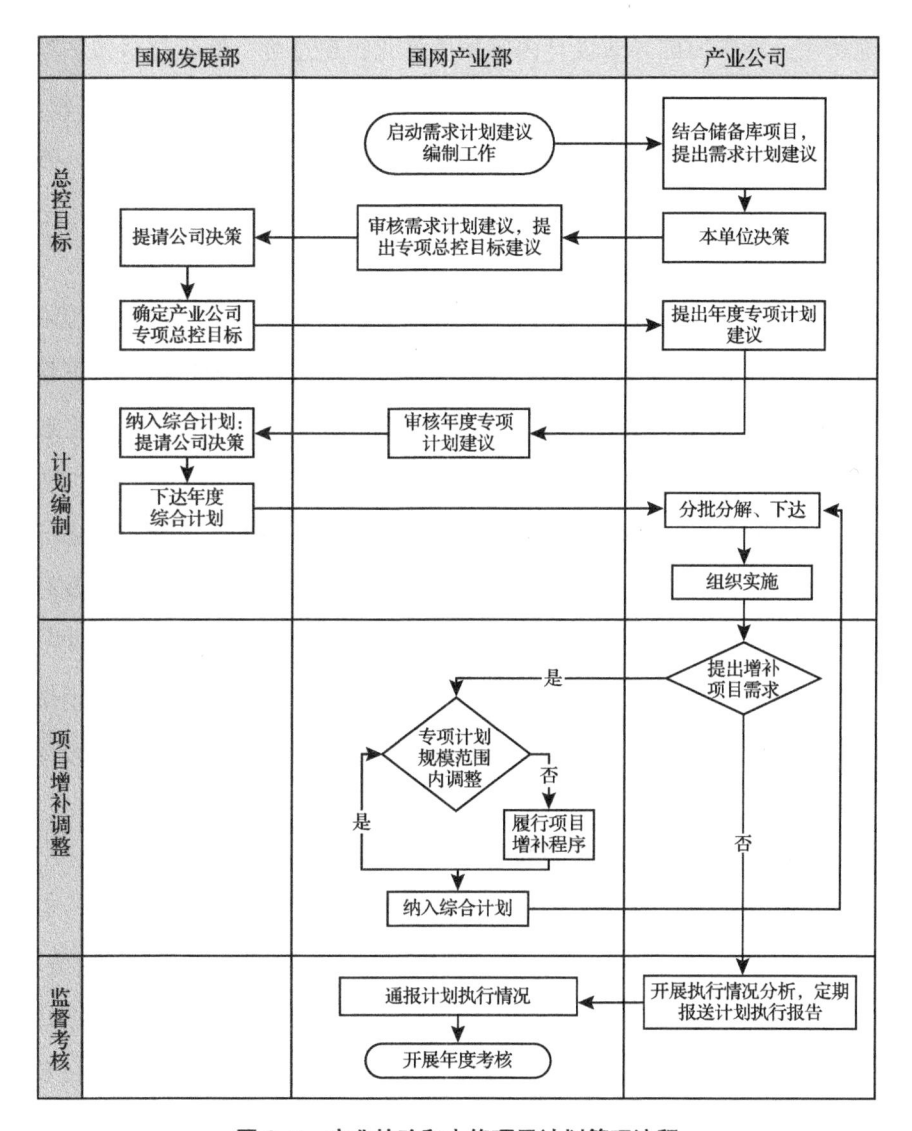

第二章 电网投资项目管理制度规范解析

图 2-7 产业技改和大修项目计划管理流程

产业技改和大修项目的初步设计规模和概算原则上不应超出可行性研究报告中所确定的规模和估算。各项目实施单位应严格执行初步设计概算，不得随意增加工程项目、变更设计标准、扩大建设规模和增加其

31

他费用。特殊原因导致设计内容发生变化，超过可行性研究报告估算15%及以上的项目，应重新履行可行性研究报告审批程序。除此之外，项目实施单位还应加强安全、质量、进度管理，严格控制工程造价，各产业公司应对重大项目实施跟踪督导。

（4）监督与考核

产业公司应加强产业技改和大修项目的投入管理，完善项目实施过程中的跟踪、分析、检查、考核及整改机制，强化项目执行过程管控，及时掌握项目实施情况，分析解决存在的问题，建立闭环管理机制。

产业公司应对产业技改投资项目实行内部审计制度。各级审计部门分工负责项目审计工作，对发现的问题必须认真整改，重大问题应及时上报。建立产业技改和大修项目计划执行情况考核制度。对纳入产业公司企业负责人业绩考核的指标，按照公司的相关规定执行，产业部根据产业技改和大修项目工作的开展情况，抽查项目管理与实施情况，并按照公司的相关规定进行考核。

（五）生产辅助技改项目投资管理制度

生产辅助技改是对生产辅助房屋结构分系统、围护分系统（含室外）、装饰装修分系统和设备设施的给水排水、供热采暖、空调通风、电气、电梯、建筑智能化分系统进行更新、完善和配套改造，旨在提升其安全性、可靠性、经济性，并满足智能化、节能、环保等要求的技术改造工作。

1. 项目投资管理原则

坚持"统一管理、分级实施、勤俭节约、节能环保、经济适用"的原则，重点是消除安全隐患、恢复和完善使用功能，严格履行决策程序，全面加强过程管控，确保项目依法合规、可控在控。

2. 项目投资管理范围

适用于公司总（分）部，省（自治区、直辖市）电力公司、直属单位（以下简称"各级单位"）及其所属各级全资、控股、代管单位。

3. 项目投资管理流程

（1）前期管理

各级单位应加强项目前期管理，在做好本单位生产辅助房屋及其配套设备设施日常维修的基础上，开展房屋检测、评定工作，并根据检测评定结果及相关制度规范，提出本单位生产辅助房屋及其配套设备设施技改项目的年度需求，同时开展项目可行性研究报告或项目方案的编制等工作。

（2）计划管理

各级单位统筹发展需求和经营状况，结合公司的标准成本要求，合理编制生产辅助技改项目年度计划和预算，对于累计亏损或高负债企业，必须严格控制生产辅助技改和大修项目。

各级单位应在固定日期之前，按照编制纲要及公司综合计划和预算管理要求，开展生产辅助技改项目的专项计划和预算建议编制工作，形成本单位的年度储备项目专项计划和预算建议，审核后提交至总部后勤部。拟定一个日期，总部后勤部应完成限上项目可研审批，各级单位应完成限下项目和零星项目可研审批，并按照项目的重要性及紧急性排序，报后勤部备案。各级单位新增的项目需求，按照项目常态储备要求，根据项目管理权限，完成可研评审后，纳入公司生产辅助技改项目储备库。

（3）实施管理

各级单位应依据生产辅助房屋资产归属，负责相应的技改项目的实施管理。生产辅助技改项目的设计、监理、施工、主要设备材料等采购须严格执行国家和公司的相关招投标管理规定。生产辅助技改项目初步设计应以批准的项目可行性研究报告为依据，按照规定委托具有资质的设计单位开展编制工作。资金规模达到800万元及以上的限上项目，由总部后勤部审批；其他项目的初步设计由各级单位组织审批，并报总部后勤部备案。

各级单位应严格按照批准的初步设计方案实施项目建设，并且需要加强对执行情况的检查监督，禁止擅自变更项目内容、规模和标准。因特殊原因确需调整的，需履行公司决策审批程序。各级单位应严格遵守国家法律法规和公司建设管理相关规章制度，强化项目安全、质量、工期、资金等全过程管控，确保项目依法合规、可控在控。各单位需要建立项目月报机制，每月末将本单位计划、预算执行和项目进展情况上报后勤部。项目竣工后，各级单位应按照有关规定及时组织竣工验收。

（4）检查考核

各级单位应加强对生产辅助技改和大修项目的管理，完善项目实施跟踪、分析、检查、考核、整改措施，强化项目执行过程管控，掌握生产辅助技改和大修项目的进度和资金完成情况，分析解决存在的主要问题，建立闭环管理机制。

后勤部将根据工作开展情况，检查项目的可研、储备库、实施管理等情况，开展对重大项目的专项检查，并根据公司相关规定进行考核与通报。各级单位审计部门应对本单位及所属单位的生产辅助技改和大修项目进行审计监督。各级单位应全面加强生产辅助技改项目信息系统推广应用工作，切实提高项目管控质量。

（六）电力市场营销项目投资管理制度

电力市场营销项目是旨在落实公司决策部署、实施营销发展规划、确保营销业务正常运转，利用成熟、适用和先进的技术、设备等，提升营销服务能力水平，或对营销设施、设备和装置进行改造和维修而形成的相对独立的项目实体。根据项目性质和投资规模，营销项目分为限上和限下项目。

1. 项目投资管理原则

①"统一管理、分级负责"；

②全过程管理，关注项目储备、计划和预算、初设、实施、验收、结算、归档、评价和检查考核的全过程管理。

2. 项目投资管理范围

除了常规性营销成本费用、小型基建、固定资产零购、生产性大修技改、研究开发、信息化、管理咨询、教育培训费用和 10kV 及以上配电网业扩项目，其他营销项目均在本办法的管理范围内。

3. 项目投资管理流程

（1）储备管理

营销项目储备应遵循常态化管理，"实时入库，动态调整"的原则，符合营销发展的重点方向和年度重点投资方向，不得储备列入负面清单的项目，以保障营销重点工作的顺利开展。营销储备项目是编制年度项目计划和预算的重要基础，在公司总部、各单位编制或调整年度营销项目计划和预算时，所安排项目均应从储备库完成可研批复项目中选择。未纳入储备库或者纳入储备库未批复项目不得列入年度计划和预算。

建立储备库，根据营销发展情况和公司重点工作，由总部的营销部明确下一年的重点投资方向，并发布营销储备正、负面清单。各单位依据营销项目储备要求，组织开展下一年度的营销项目储备，完成项目可研评审后，录入营销项目管理系统，即可正式入库。

（2）可研管理

营销储备项目必须开展可行性研究，投资金额达到或超过 200 万元的营销项目，由具体负责项目实施的部门及单位（以下简称"项目单位")组织编制可行性研究报告(建设方案);对于其他项目,则可编制项目说明书。

项目可行性研究报告主要包括项目必要性、项目建设目标、项目内容及建设方案、主要设备材料清册、投资估算书、效益分析等。项目说明书主要包括项目必要性、项目内容、项目方案、投资估算等。项目可行性研究报告应合理测算项目投资规模,严禁估列费用。营销项目取费标准原则上应参照《20kV及以下配电网工程建设预算编制与计算标准》《20kV及以下配电网工程预算定额》《电网技术改造工程预算编制与计算标准》《电网技术改造工程预算定额》等执行,其他未涵盖部分可参照国家及地方的相关标准执行。除此以外,若已批复可研的营销项目,在实施中可研条件或实施情况发生变化,则须重新编制、评审可行性研究报告或项目说明书。

(3)计划与预算管理

营销项目计划和预算作为综合计划和全面预算的组成部分,其管理应被纳入公司综合计划和全面预算管理。营销部根据公司营销发展趋势,结合营销项目储备情况以及各单位提出的营销专项投入规模建议,与发展部和财务部沟通后,提出下一年度的营销项目计划和预算规模建议。

各单位营销项目管理部门根据国网公司下达的年度营销项目投入规模和预算安排及营销项目储备情况,结合本单位投资能力,开展营销项目计划和预算建议编制工作,并将结果报送本单位发展部和财务部。

(4)实施管理

在营销项目计划和预算确定后的一个月内,营销部组织编制项目里程碑计划,形成"营销项目里程碑计划(形象进度)表",如图2-8所示,并上报总部营销部。项目里程碑计划应包括项目招标采购、合同签订、财务支出入账等关键环节的工作目标和时间计划;营销重点工程项目应包括项目形象进度。

国家电网有限公司20××年营销项目里程碑计划表

单位：国网××省电力公司

序号	项目名称	计划投资（万元）	截至一月完成情况			截至二月完成情况			……			……			截至十二月完成情况		
			招投标完成比例	合同签订完成比例	财务入账完成比例	招投标完成比例	合同签订完成比例	财务入账完成比例	招投标完成比例	合同签订完成比例	财务入账完成比例	招投标完成比例	合同签订完成比例	财务入账完成比例	招投标完成比例	合同签订完成比例	财务入账完成比例
1																	
2																	
3																	
4																	
5																	
6																	
……																	

图 2-8　营销项目里程碑计划（形象进度）表截图

项目单位应严格按照项目里程碑计划组织项目实施，如因特殊原因需要调整里程碑计划，应向上级报告。

（5）验收管理

营销项目应开展阶段性验收和竣工验收，对于包含建筑安装工程的营销项目，应分别开展阶段性验收（中间检查验收）和竣工验收；而其他营销项目仅需开展竣工验收。项目验收应依据国家及行业的相关法规、标准和规范，以及公司关于验收规范的规定，根据项目设计和建设过程中的文件资料，验收检查项目施工工程和设备。项目验收的主体是各级项目单位，项目施工、监理、设计单位及项目单位的财务、档案等管理部门应根据项目实际情况配合做好项目验收工作。

（6）评价管理

项目评价是对项目技术路线、运行状态、投资收益等实际情况的综合分析判断。营销部应制订年度营销项目评价计划，并根据该计划开展项目评价工作。各单位应客观公正、独立地对项目实施结果进行评价，并将项目评价报告提交给上级部门。评价内容应包括：评价项目的技术可行性、合理性与先进性；评价项目运行的稳定性、实用性；评价项目的技术经济指标是否达到了预期目标或达到目标的程度；评价项目的投资收益、管理效益和社会综合效益情况。项目单位对项目评价提出的问题，应及时采取相应的补救措施，认真分析原因、总结经验，提出改进措施，提高后续项目决策的科学水平。

（七）电网信息化建设项目投资管理

公司电网数字化建设是通过信息化、网络化和智能化方式，利用电网数字化项目来提升公司基层一线服务能力、核心业务赋能能力、企业转型驱动能力、产业升级引领能力的各项数字化建设工作。

1. 项目投资管理原则

①坚持"统一领导、统一规划、统一标准、统一建设"的原则；

②遵守相关法律法规；

③电网数字化项目建设应坚持标准化建设原则，按照统一功能规范、统一技术标准、统一开发平台、统一产品选型的要求开展，任何不符合公司技术政策及标准的项目都不得开工建设。

2. 项目投资管理范围

电网数字化建设管理包括对数字化规划，以及电网数字化项目储备、专项计划、采购、建设实施、验收、材料归档和项目后评估的全过程管理。适用于总部（分部）及所属各级单位的电网数字化建设管理工作，以及公司各级参股、代管单位、省管产业单位。

3. 项目投资管理流程

（1）规划管理

总部互联网部负责组织编制公司的数字化规划，并审查指导各单位的数字化规划工作。各分部、公司各单位互联网职能管理部门负责组织编制本单位的数字化规划，各级专业管理部门配合编制数字化规划中的相关业务应用部分。

总部互联网部依据公司发展规划纲要，组织开展与数字化规划相关的重大问题研究，制定公司数字化规划纲要及各单位数字化规划编制的指导意见，部署开展数字化规划的前期研究和编制工作。公司数字化规划由总部互联网部在吸收借鉴数字化规划前期研究成果的基础上编制形成，审定后纳入公司总体规划及相关综合性规划。

（2）储备管理

公司电网数字化项目储备库由公司总部储备库以及各分部和公司各单位的储备库构成，并实行两级动态管理。按照公司综合计划和全面预算项目储备要求，国网互联网部组织建立、维护总部电网数字化项目储备库，并监督检查各分部和公司各单位电网数字化项目储备库的情况；各分部、公司各单位互联网职能管理部门组织建立、维护本单位电网数字化项目储备库。公司总部、各分部、公司各单位应根据工作实际情况，通过批次集中与常态相结合的方法，组织电网数字化项目的储备工作。

（3）计划管理

项目计划建议：公司总部、各分部、公司各单位在综合平衡后，从项目储备库中挑选电网数字化项目，以形成电网数字化项目计划建议。

项目计划审定：互联网部根据公司综合计划的主要原则和总体控制目标，审议并初步平衡电网数字化项目计划和预算建议，提出公司电网数字化专项计划建议，并将这些建议提交给国网发展部和财务部分别纳入综合计划和预算，报公司审定。

项目计划下达：发展部下达公司统一组织建设项目的明细和各单位独立组织建设的规模，各单位据此决策并下达本单位管理项目明细。

项目计划执行与控制：各单位应严格按照下达计划的内容、资金及时间安排组织项目实施。公司总部、各分部、公司各单位应将计划的分解落实、跟踪分析、过程控制和考核评价作为电网数字化建设管理的重要内容，并执行"月统计、季分析、年考核"制度，确保电网数字化项目计划的顺利完成。

（4）采购管理

电网数字化项目依据公司相关的采购管理办法开展采购工作。属于公司总部一级集中采购目录范围内的电网数字化项目物资类和服务类采购需求由公司总部组织实施；而对于总部一级集中采购目录范围外的采购需求，则由各单位自行组织实施。与业务应用相关的项目，由相关专业管理部门和互联网职能管理部门共同配合采购管理部门开展采购工作；其余电网数字化项目，由互联网职能管理部门配合采购管理部门开展采购工作。

电网数字化项目合同的签订、履行、变更等工作应严格遵守公司合同管理的相关规定，并使用公司统一的合同文本。项目合同签订单位应按要求及时完成合同签订，并监督供应商的合同履行情况。供应商的合同履行情况将纳入电网数字化厂商服务质量评价中，评价结果将应用于电网数字化采购工作中，形成闭环管理。

（5）实施管理

项目实施管理的工作内容主要包括：互联网职能管理部门会同相关专业管理部门组织项目建设单位编制实施部署方案，明确项目实施目标、实施范围、实施计划、项目人员组织、沟通机制等内容；电网数字化项目实施的重点是开展差异分析及方案设计、数据收集及处理、系统部署及配置、系统测试、培训等工作。

在电网数字化项目的建设实施过程中，不得擅自变更建设内容，若确需变更，应按以下要求进行：项目变更内容涉及工作量未超过可行性研究的30%，且变更后项目总体估算费用未超过可行性研究批复，项目主要建设目标未发生变化的，由专业管理部门提出项目内容变更申请，履行互联网职能管理部门的审批程序；项目变更内容涉及工作量超过可行性研究的30%，或变更后项目总体估算费用超过可行性研究批复，或项目主要建设目标发生变化，由专业管理部门提出项目内容变更申请，经互联网职能管理部门审批通过后，履行可研变更等项目论证、批复程序。已完成采购的项目，按照公司相关采购和合同管理要求履行相应变更程序。项目内容、技术方案等发生重大变化的，应与中标人协商终止合同，重新履行采购程序。

（6）验收管理

公司统一组织建设的开发实施类中的设计开发部分、咨询设计类项目，由互联网部门与业务部门统一组织或安排相关单位验收；各单位负责的统一组织建设的开发实施类中的实施部分、业务运营类、数据工程类、产品购置类项目，以及独立组织建设项目，由该单位互联网职能管理部门组织验收。

项目验收工作主要包括验收申请与受理、制定验收方案、项目审查、形成验收结论等内容。电网数字化项目在完成合同规定的目标和任务，并得到用户认可后，项目建设单位或承建单位方可提出项目验收申请。互联网职能管理部门负责受理验收申请，审核验收资料，并确定项目是否具备验收条件。

第三节　电网投资项目分部门管理相关机制

在电网投资项目管理准则和各项目管理制度的基础上，介绍各项目和各部门的管理机制，并阐述各部门在电网投资项目制度方面的具体实行状况。

一、电网基建项目——相关部门管理机制

电网基建建设部负责组织推进所辖工程项目建设，监督、检查、指

导、考核省建设分公司、地市（县）供电企业的项目管理工作；负责编制进度计划，上报计划至基建部，计划审批后组织实施；按明细分解中央部署的重大战略性工程（如乡村振兴、脱贫攻坚、清洁供暖等）以外的35千伏至330千伏工程，下达年度进度计划并组织实施。负责省公司建设项目工程的前期管理，统筹协调特高压建设，组织地市（县）供电企业开展辖区内各级电网建设项目的属地协调工作。负责所辖输变电工程设计施工监理（咨询）队伍的招标专业管理，会同省物资部（招投标管理中心）开展总部招标范围外的500千伏、750千伏输变电项目及500千伏以下电压等级输变电工程队伍的集中招标工作；负责所辖输变电工程合同、信息、档案管理等工作。

二、电网小型基建项目——相关部门管理机制

电网小型基建后勤部（后勤管理部门）负责电网小型基建项目的归口管理；其他职能管理部门根据职责分工负责本单位电网小型基建项目的综合计划、全面预算、安全质量、审计监督和效能监察等工作。各级单位负责电网小型基建项目的方案论证、立项申请上报、年度专项计划的编制和上报、建设实施、竣工验收、工程结算与决算以及工程审计等工作，负责审批限下及零星项目的可行性研究报告，负责限上项目（不包括"三重一大"项目、政策严控类和周转住房等非生产类项目）和限下及零星项目的初步设计。

三、生产辅助技改项目——相关部门管理机制

生产辅助技改后勤部门负责管理生产辅助房屋及其配套设备设施的技术改造和大修项目；各单位人资部（或教育培训管理部门）负责管理教育培训的实训设备设施的技术改造和大修项目；其他职能管理部门根

据职责分工负责本单位生产辅助技改和大修项目的综合计划、全面预算、安全质量、审计监督等工作。

四、电力市场营销项目——相关部门管理机制

（一）营销部管理制度

①执行国家相关方针政策、法律法规和标准规定，落实公司相关决策部署，并遵循公司相关的项目管理规定，对营销项目进行统一管理；

②根据公司总部设定的重点投资方向、正负面清单，结合公司的实际生产经营需求，审核地市供电企业和直属单位的营销储备项目，形成营销储备项目库并上报营销部；

③负责组织营销项目的论证工作，管理本单位营销项目可行性研究报告的编制、评审和批复；

④负责组织编制并上报本单位营销项目的投入规模建议；

⑤根据公司总部下达的营销项目投入规模，确定营销项目计划明细；

⑥负责组织编制、评审和批复营销项目的初步设计（概算书）；

⑦负责组织营销项目的实施、验收、结算、评价和检查等工作；

⑧负责组织实施省公司本部的营销项目；

⑨负责省公司本部营销项目文件材料的收集、整理和归档移交工作；

⑩配合开展本单位营销项目的审计工作。

（二）办公室管理制度

电力市场营销办公室负责监督、检查和指导营销项目的档案管理，并组织重大营销项目档案专项（预）验收，此外，还负责接收、保管符合条件的营销项目档案，并提供利用服务。

（三）发展部管理制度

电力市场营销发展部与财务部共同管理公司的项目储备工作，综合平衡公司的营销储备项目，并将其纳入本单位项目储备库和综合计划中的营销项目计划建议。负责归口管理营销项目调整，当项目投入规模不变时，则发布本单位营销项目调整明细；当需要调整投入规模时，则向发展部提出调整建议。

（四）财务部管理制度

电力市场营销财务部与发展部共同管理公司项目储备工作，综合平衡营销储备项目并将其纳入本单位项目储备库。负责对营销项目的可行性研究进行经济性和财务合规性审查，并签订可行性研究报告的批复文件。综合平衡营销项目的预算建议，并将其纳入本单位预算。与营销部共同开展营销项目的竣工决算、结算和固定资产转资工作，负责归口管理营销项目的预算调整。当项目投入规模不变时，与营销部共同下达本单位营销项目的调整预算明细；当需要调整投入规模时，应向财务部提出调整建议。

（五）物资部管理制度

电力市场营销物资部执行公司统一的招标采购目录，编制并上报本单位的营销项目采购计划，并负责对营销项目的采购活动进行管理。

五、电网信息化项目——相关部门管理机制

（一）发展部管理制度

电网信息化建设发展部负责下达电网数字化项目的年度计划，即编制和落实数字化规划；负责编制和实施电网数字化项目的年度计划和预算建议；负责组织编制本单位电网数字化建设的技术指导文件；负责组织、管理并推进本单位电网数字化建设；负责协调跨部门的业务应用建

设，为专业管理部门提供电网数字化技术支持；配合财务部门组织开展电网数字化项目（资本性）的竣工决算工作；负责组织执行公司电网数字化工作的决策决议，研究确定电网数字化建设中的管理需求和工作目标，研究决策电网数字化建设中的重大事项和问题。

（二）财务部管理制度

电网信息化建设财务部负责电网数字化项目的预算管理、资金管理和转资管理，与互联网职能管理部门共同组织开展电网数字化项目（资本性）的竣工决算工作，参与项目可行性研究和投资估算审查。

（三）物资部管理制度

电网信息化建设物资部负责管理电网数字化项目的相关采购活动。

（四）档案管理部制度

电网信息化建设档案管理部负责监督、检查和指导电网数字化项目的档案管理工作；负责接收和保管符合档案管理要求的项目文件。该部门还协同互联网职能管理部门推进本专业业务应用的建设工作，并协同其他部门开展跨部门业务应用建设工作。此外，该部门还负责根据业务建设的需求和目标对项目功能实现、应用效果、数据质量进行监控、把关和量化评估，并及时向公司相关管理部门汇报工作进展和存在的问题。

第三章 电网投资项目类别划分与内容体系

第一节 电网投资项目类别划分

一、全面综合计划概述

全面综合计划是在对公司核心资源和发展需求进行综合平衡、统筹优化的基础上形成的，旨在引领公司全年的经营和发展目标。它是全面实施公司战略和规划的系统性方案，是确保电网持续健康发展，实现公司整体效益最大化，并推动电网和公司高质量发展的重要抓手。

全面综合计划涵盖了现有的国网综合计划和融资租赁计划（A计划）、成本性投入计划（B计划）以及外部投入计划（C计划）。

二、A计划：综合计划和融资租赁计划类

国网综合计划和融资租赁计划（A计划）是国网公司下达的指标、投入及融资租赁计划。

A计划投入设置包括电网基建、电网小型基建、生产技改、生产辅助技改、零星购置、生产大修、生产辅助大修、电力市场营销、电网数字化、研究开发、管理咨询、教育培训和股权投资等13个专项，以及融资租赁专项。

三、B计划：成本性投入计划类

成本性投入计划（B计划）是公司除A计划外的所有成本性投入，在综合平衡和统筹优化公司需求的基础上，形成公司全局的成本性投入计划安排，是对国网综合计划的补充，按照"一级管控、二级决策、三级实施"的原则开展。

B计划投入分为项目化成本性投入和费用化成本性投入两个部分。项目化成本性投入专项包括生产运维、调控运维、营销运维、安全投入、生产辅助运维、仓储运维、信息运维、科技环保、数字化投入、发展提升、专业咨询、经营租赁和代维大修支出，共计13个专项；费用化成本性投入通过设置日常运营费用来进行管理。日常运营费用是不采用项目化管理的常规运营费用，主要包括党组织专项经费、扶贫支出、会议费、差旅费、中介费、手续费等。

四、C计划：外部投入计划类

外部投入计划（C计划）是在对公司所有外部投入进行全过程规范管控的基础上，形成的全局外部投入安排，是公司全面综合计划的组成部分。

外部投入分为项目化和非项目化两个部分。项目化外部投入是公司以外的投资主体，委托公司或自行组织实施，实施完成后由公司承接资产的项目。非项目化外部投入是公司以外的主体，与公司共同出资或独立出资，由公司全权或参与统筹资金安排，或直接给予公司奖励、补贴。

项目化外部投入包括线路杆迁、三供一业、新建住宅供电设施建设、转供电治理、老旧小区改造、外部科研咨询投入、政策性奖励和政府财政贴息补贴，共计 8 个专项。

第二节　电网投资项目基本内容概述

一、电网基建项目

（一）项目概述

电网基建主要分为主网基建和配网基建，其中，配电网是 110 千伏及以下各级电网。

（二）基本内容

一是各级供电企业的电网建设和扩展性改造项目。

二是各级供电企业的独立二次项目（总投资超过 1000 万元，独立于输变电工程一次系统以外的配电自动化、通信、调度自动化新建或整体改造项目）。

三是新源公司和各级供电企业的常规水电站和抽水蓄能电站建设以及扩展性改造项目。

二、电网小型基建项目

（一）项目概述

电网小型基建项目是为企业提供生产经营服务的调度控制、生产管理、运行检修、营销服务、物资仓储、科研实验、教育培训用房以及其他非经营性生产配套设施的新建、扩建和购置。

（二）基本内容

一是各级供电企业及其所属单位在调度控制、生产管理、运行检修、营销服务、物力保障、科研实验、教育培训、数据机房等技术业务用房方面的新建、扩建和购置项目。

二是各级供电企业及其所属单位周转倒班房、食堂、车库等生产辅助用房的新建、扩建和购置项目。

三是各级直属单位在电网基建、产业基建项目之外的办公用房及生产辅助用房的新建、扩建和购置项目。

需要注意的是，产业基地生产经营服务的配套设施的新建、扩建和购置，应纳入产业基地建设工程项目中，其单独建设的生产配套设施，则应纳入小型基建管理范围；调度控制（分）中心、应急指挥中心、运营监测（控）中心、信息通信机房、营业厅、实验室等专业用房装修费用及配套设备设施费用应列入相应专项计划。

三、生产技改项目

（一）项目概述

电网生产技术改造利用成熟、先进、适用的技术、设备、工艺和材料等，对现有电网生产设备、设施及相关辅助设施等资产进行更新、完善和配套，以提高其安全性、可靠性、经济性，并满足智能、节能、环保等要求。电网生产技术改造投资形成固定资产，是企业的一种资本性支出。

（二）基本内容

一是各级供电企业的电网一次设备、变电站自动化系统、调度自动化系统、继电保护及安全自动装置、电力通信系统、自动控制设备、电网生产建筑物、构筑物等辅助及附属设施、安全技术劳动保护设施、非贸易结算电能计量装置、监测装置技术改造项目。

二是新源公司和各级供电企业（非省管产业、非代管）的常规水电站、抽水蓄能电站相关生产设备设施，以及生产建筑物、构筑物等辅助及附属设施、安全技术劳动保护设施、非贸易结算电能计量装置、监测装置技术改造项目。

需要注意的是，不含整站、整线或扩大电网规模、提高输电能力的整变、整间隔改造；不含营销、信息以及归入公司产业管理的技术改造；不含生产辅助性配套设施、房屋等建筑的改造和装修。

四、生产辅助技改项目

（一）项目概述

生产辅助技改涉及对生产辅助房屋结构分系统、围护分系统（含室外）、装饰装修分系统和设备设施的给水排水、供热采暖、空调通风、电气、电梯、建筑智能化分系统的更新、完善和配套改造，旨在提升其安全性、可靠性和经济性，满足智能化、节能、环保等要求。

（二）基本内容

一是各级供电企业及其所属单位在调度控制、生产管理、运行检修、营销服务、物力保障、科研实验、教育培训、数据机房等技术业务用房中，办公用房及其配套设备设施改造项目。

二是各级供电企业及其所属单位的周转倒班房、食堂、车库等生产辅助用房及其配套设备设施改造项目。

三是各级直属单位的办公用房、生产辅助用房改造项目。

五、零星购置项目

（一）项目概述

固定资产零星购置是在公司固定资产目录内未纳入工程项目管理、可以独立发挥作用且不涉及建筑安装工程量的设备、仪器仪表、工器具及运输工具等固定资产。

（二）基本内容

一是各级单位生产办公所需的交通运输车辆购置。

二是在各级单位固定资产目录内未纳入工程项目管理的、可以独立发挥作用且不涉及建筑安装工程量的仪器仪表、测试设备、生产管理用工器具、办公及辅助设备购置，以及为生产生活服务的其他设备购置。

六、生产大修项目

（一）项目概述

电网生产设备大修属于生产大修项目。其旨在恢复资产（包括设备、设施及辅助设施等）的原有形态和能力，这是一种按项目制管理的维修工作。电网生产设备大修不会增加固定资产原值，是企业的一种损益性支出。

（二）基本内容

一是各级供电企业的电网一次设备、变电站自动化系统、调度自动化系统、继电保护及安全自动装置、电力通信系统、自动控制设备、电网生产建筑物、构筑物等辅助及附属设施、安全技术劳动保护设施、非贸易结算电能计量装置、监测装置修理项目。

二是新源公司和各级供电企业的常规水电站、抽水蓄能电站相关生产设备设施，以及生产建筑物、构筑物等辅助及附属设施、安全技术劳动保护设施、非贸易结算电能计量装置、监测装置修理项目。

七、生产辅助大修项目

（一）项目概述

生产辅助大修的目的是恢复现有的生产辅助房屋结构分系统、围护分系统（含室外）、装饰装修分系统和设备设施的给水排水、供热采暖、空调通风、电气、电梯、建筑智能化分系统等设备设施的原有形态、作用和功能，以满足环境、工作的要求，确保大修工作安全运行。

（二）基本内容

一是各级供电企业及其所属单位在调度控制、生产管理、运行检修、营销服务、物力保障、科研实验、教育培训、数据机房等技术业务用房中，办公用房及其配套设备设施修理项目。

二是各级供电企业及其所属单位的周转倒班房、食堂、车库等生产辅助用房及其配套设备设施修理项目。

三是各级直属单位的办公用房、生产辅助用房修理项目。

八、电力市场营销项目

（一）项目概述

营销项目旨在落实公司的决策部署、实施营销发展规划、确保营销业务的正常运转，利用成熟、适用和先进的技术、设备等，提升营销服务能力水平或对营销设施、设备和装置进行改造和维修，是一个相对独立的项目。

（二）基本内容

一是用电营业，包括网上国网运营建设、营销数据治理及应用、营销2.0运营建设、营销服务自动化终端设备、移动作业终端、营销网络与信息安全等。

二是售电市场开拓，包括自备电厂替代、营业区拓展等。

三是能效服务，包括电能监测、能效诊断、电力需求响应、用电检查及客户安全服务和示范项目的建设等。

四是供电服务投入，包括服务渠道智能化建设、服务渠道功能优化、营业网点和客户服务中心服务设施的配置及业务功能的升级改造、供电服务的大数据分析、满意度调查等。

五是电能计量与采集，包括计量基础标准及自动化检测能力建设、计量装置、用电信息采集、防（反）窃电及降损和现场作业安全管控能力建设等。

六是乡村电气化，包括扶贫、乡镇供电所设施完善与管理及农村安全用电管理等。

七是智慧用电，包括电网与电动汽车智能互动、客户侧储能及分布式电源服务、家庭智慧用电服务和负荷运行优化等。

八是计量中心和营业网点等营销用房的修缮投入。

需要注意的是，充电设施项目应纳入产业基建；网上国网、客户服务中台及配套基础支撑环境建设、绿色国网、营销2.0等业务应用系统、智慧能源服务平台和营销稽查系统等，应纳入电网数字化专项管理；营销用房的新建（含装修）和改扩建项目，应纳入电网小型基建专项管理。

九、电网数字化项目

（一）项目概述

电网数字化项目涉及电网数字化领域的咨询设计，信息系统开发实施、优化改造、更新升级、综合评估，数据资源接入、处理和应用，网络安全服务，配套软硬件和数据产品购置等相关项目，其范围覆盖基础设施、企业中台、业务应用、数据价值和全场景安全运行等方面。

（二）基本内容

一是基础设施建设项目，主要包括网络层、云平台建设及配套软硬件，同时也包括供应链、财务等管理类智慧物联网关。其中，网络层仅包括管理信息大区和互联网大区的信息网络，不包括骨干通信网和终端通信接入网。

二是企业中台建设项目，包括数据中台、业务中台、物联平台等建设项目。

三是业务应用项目，包括电网生产、客户服务和企业经营管理三类业务应用建设项目。

四是数据工程类项目，包括数据资源的接入整合、加工处理和开发利用，并通过数据管理和数据分析来挖掘数据价值的数据工程类相关项目。

五是网络安全项目，包括网架安全、基础防护、数据安全和在线监测等相关项目。

六是运营服务项目，包括支撑电网数字化建设和应用相关的系统迁移入池、升级、性能优化和信息支持等技术支撑和常态化服务项目。

需要注意的是，各专项数字化建设需求项目，应统一纳入电网数字化专项管理；各类基建、改造工程中的数字化设备应纳入相应的基建、改造项目，不单独立项；电网数字化投入主要部署在管理大区和互联网大区数字化平台及应用上。

十、研究开发项目

研究开发项目的基本内容：一是各级单位新产品、新技术、新材料、新工艺、新标准、决策支持技术的研究，新技术应用以及总（分）部技术服务等；二是直属科研单位，包括电科院、经研院、能源院和联研院的实验室及相关配套设施建设、改造和修缮等投入项目。

十一、管理咨询项目

（一）项目概述

管理咨询项目是总部各部门、各分部及公司各单位为了实施管理创新、增强科学决策能力和提升经营管理水平，委托有关咨询机构开展的有偿管理咨询服务，不包括电网规划研究项目、工程前期咨询项目、信息系统建设等技术咨询与开发项目，以及法律、税务、审计、会计等常规性的中介机构服务项目。

（二）基本内容

一是各单位的发展战略专题研究项目。

二是关于电力、电网发展的理论、政策、管理等重大问题研究项目。

三是与公司改革发展相关的重大理论性和实践性研究项目。

四是与国外能源行业和公用事业企业的对比性研究项目。

五是公司重点关注的其他战略和管理咨询项目。

十二、教育培训项目

教育培训项目的基本内容包括各单位职工培训、人才评估、培训开发、培训购置类相关项目。

十三、股权投资项目

（一）项目概述

股权投资是通过让渡货币资金、股权、债权、实物资产、无形资产或法律法规允许作为出资的其他资产，获得被投资企业的股权，享有权益并承担相应责任的行为。

（二）基本内容

一是电力供应与电网服务类，包括电力供应、电力生产、电力调度、新能源开发、电网规划设计、施工安装与运行维护，电力信息通信，电力科技研究与开发，电工电气产品研发、制造，电力工程监理和招投标代理等。

二是产业类，包括物流服务、出版传媒、电子商务、电动汽车服务、能源生产（涵盖抽水蓄能、水电、风电、光伏发电、生物质发电和综合能源服务）、物资服务、通用航空、物业服务和工程总承包等。

三是金融类，旨在加强产融协同、支撑电网和公司发展，分为境内金融企业投资和通过在香港设立的投融资平台进行的投资两类。

四是境外投资与运营，包括能源电力国际合作、境外资产投资、境外资产运营及绿地项目开发。

十四、融资租赁项目

（一）项目概述

融资租赁涉及的资产是固定资产，不包括单独计价的无形资产等其他资产。租赁期间，租赁资产的所有权不发生转移；租赁期届满后，承租人有退租或续租的选择权。

（二）基本内容

对资产租赁项目实行正面和负面清单制度，优先类项目将优先被纳入资产租赁计划；禁止类投资项目则不被纳入资产租赁项目范围。

一是公司资产租赁优先类项目，包括：公司发展经营急需，确无其他资金来源的项目；时效性要求高、采用租赁方式实施经济好的项目。

二是公司资产租赁禁止类项目，包括：不符合国家产业政策的项目；不符合公司发展战略和规划的项目；无法明确项目管理主体的项目；投资预期收益低于五年期国债利率的商业性项目；不符合公司风险控制管理要求的项目；输变电资产项目；电网侧电化学储能设施项目。

第四章

电网投资项目评价指标体系

第一节　电网投资项目评价指标体系构建思路及原则

一、电网投资项目评价指标设计原则

（一）电网投资项目过程评价指标设计原则

电网投资项目过程评价指标主要依托项目全链条的各个节点来进行顶层设计。其主要顶层设计原则如图 4-1 所示。

时间流：主要从项目开展的时间序列角度对项目进行评价，重点体现不同过程节点的时间及时性。

信息流：主要从项目全过程中信息流转的完整性和规范性角度进行评价，重点体现不同过程节点的规范性。

项目投资偏差：主要从项目不同节点的资金使用情况进行评价，重点分析资金偏差情况。

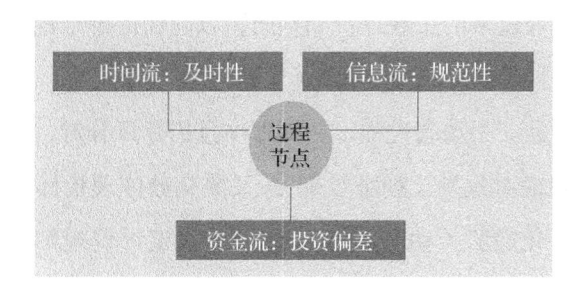

图 4-1　过程评价指标顶层设计原则示意

在电网项目过程评价指标体系中,及时性、规范性与投资偏差均为一级指标,且三者在体系中的权重系数不同,分别为 0.4、0.4 与 0.2。其在项目中的所属阶段也有所差别:及时性指标所属阶段包括项目计划阶段、项目实施阶段、项目结决算阶段与项目归档阶段;规范性指标所属阶段包括项目计划阶段与项目实施阶段;投资偏差指标仅属于项目决算阶段。

(二)电网投资项目效益评价指标选取原则

电网项目效益评价指标应从目标、经济、安全、运行、社会等维度进行效益分析,其主要顶层设计原则如下所述。

1. 项目全覆盖,资产全关联

实现对电网基建、小型基建、零星购置、生产技改、生产大修、电力营销、教育培训、电网数字化等 13 个专项的全覆盖,识别并不断细化每一类专项项目建设完成后形成的资产。例如,变电资产可以细分为 500 千伏、200 千伏、110 千伏和 35 千伏等不同电压等级的主变,确保所有专项都能与对应的资产关联。

2. 定量定性相结合,静态动态相结合

在构建指标体系时,坚持定量计算和定性分析相结合的方法,以尽可能全面地反映项目的各个方面。进行定性分析时,必须以事实分析为依据,避免加入过多的主观评价和判断,以确保评价结论能客观、公正地反映投资项目的实际情况。

项目评价是一个动态过程,在计算项目指标评分时,既要考虑指标在评价期内的绝对效果(静态效果),又要充分体现指标在一定历史时期内的动态变化趋势(动态效果)。因此,设定评价规则时,需要采用动态和静态相结合的方法,基本思路是评价指标由静态得分和动态得分两部分组成,并引入静态权重(S)和动态权重(D);

指标评分 =S × 静态得分 +D × 动态得分

3. 评价方法和规则应需而动

在应用评价方法和规则时,不应局限于特定的方法和模型,应根据具体场景和需求灵活调整,如图 4-2 所示。

图 4-2 效益评价指标顶层设计原则示意

二、电网投资项目评价指标体系构建思路

(一)卓越项目管理框架标准方法研究

国际卓越项目管理模型分为"项目管理"和"项目结果"两个主要部分,这两个部分互为因果,相辅相成。"项目管理"和"项目结果"进一步细分为 9 个评估指标。"项目管理"部分包括项目目标、领导力、人员、资源和过程 5 个指标,反映成功项目管理方面的关键要素。"项目结果"部分包括客户结果、人员结果、其他相关方结果、主要成就和项目成果 4 个指标。这些指标是现代项目管理中评价项目成功与否的重要标准。

国际卓越项目管理模型整体框架如图 4-3 所示。

参照卓越项目管理模型,在具体项目评价指标分析维度,将项目评

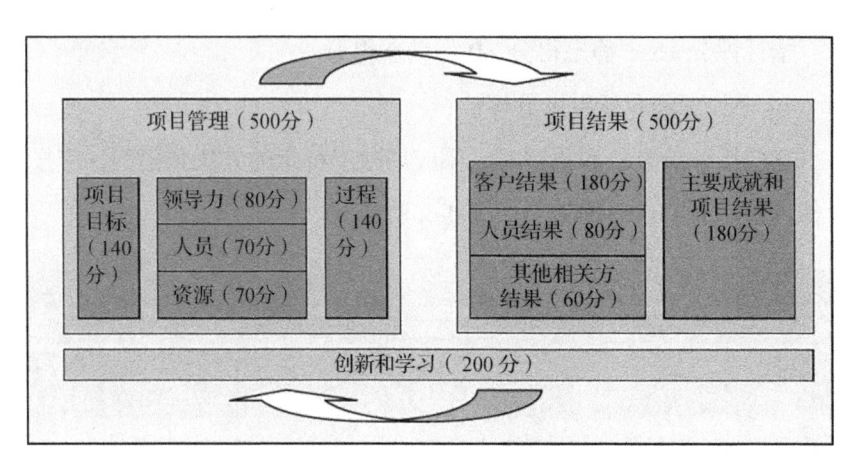

图 4-3 国际卓越项目管理模型整体框架

价维度划分为过程评价和效益评价。过程评价主要从项目过程维度进行评价；效益评价主要从项目结果维度进行评价。

（二）基于资产价值流的项目评价指标体系研究

提出基于资产价值流的研究方法，围绕"一个目标（实现公司从生产型向经营型的转变，确保高质量发展）"实现"三层贯通，三维应用、四大方法"的指标体系架构，基于资产价值流的项目评价指标体系架构如图 4-4 所示。

图 4-4 基于资产价值流的项目评价指标体系架构

第四章 电网投资项目评价指标体系

1. 资产价值流

提出资产价值流的思路，即通过"资产"中介解决非独立产生现金流的项目在投入产出分析上的难题，将项目投入预期或实际形成的核心资产和辅助资产纳入资产价值流中，以资产运营产生的直接现金收入和业务能力提升作为价值核算的依据，最终实现投入产出分析的目标。

资产价值流分析基本逻辑方法如图 4-5 所示。

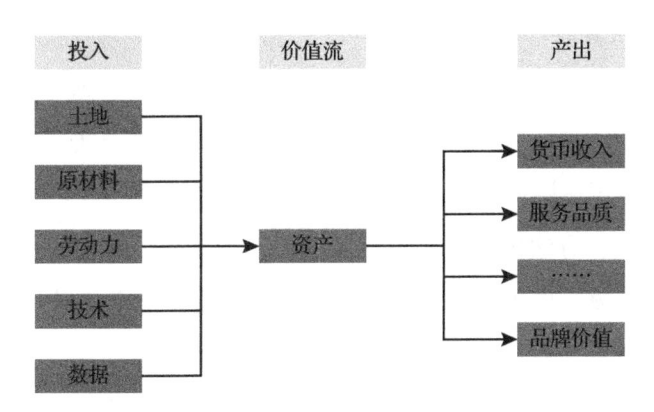

图 4-5 资产价值流分析基本逻辑方法

按照这种方法对电网项目投资中的核心资产价值流（支撑电力能源输送）进行分解，可得核心资产价值流分解结构，如图 4-6 所示。

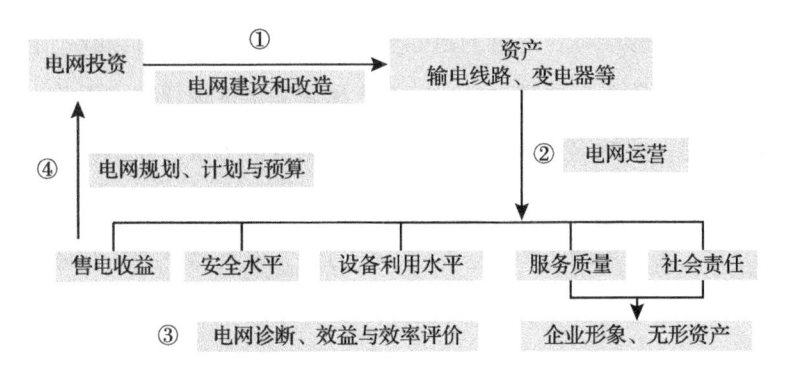

图 4-6 电网项目投资的核心资产价值流分解

从一定的时间跨度来看，电网企业在初期阶段进行投资建设和技术改造，将资金流转化为资产（如输电线路、变电站等）；随后，电网企业利用已有的资产传输和分配电能来获得售电收益，将资产再转化为资金流，从而完成一次资产周转过程。从财务角度来看，资产周转速度越快，回收期越短，电网企业的效益就越好。因此，电网项目投资产出效益与资产的运营和配置效率密切相关。

2. 三层贯通

在项目评价体系中，为了实现项目到资产价值流贯通、资产到指标定量定性相结合、"指标－评价"静态动态搭配，需要实现项目层、资产层、指标层三层贯通。

项目层：方法体系覆盖电网基建、小型基建、零星购置、生产技改、生产大修、电力营销、教育培训、电网数字化等13个专项，识别并不断细化每一类专项项目建设完成后形成的资产。

资产层：最终确保所有专项都能与对应的资产关联，电网基建、生产技改等专项可以通过变电资产和线路资产进行价值流分析；小型基建可以通过建筑房屋资产进行价值流分析；电网数字化可以通过软硬件资产和数据资产进行价值流分析。

指标层：影响项目评价的指标多种多样，有些因素可以通过定量计算确定，有些因素需要根据经验或个人感受去定性地评判。因此，构建指标体系时，坚持定量计算和定性分析相结合的方法，以尽可能全面地反映项目的各个方面。同时，项目评价是一个动态过程，在计算项目指标评分时，需采用动态和静态相结合的方法，既要考虑指标在评价期内的绝对效果（静态效果），又要充分体现指标在一定历史时期内的动态变化趋势（动态效果）。

3. 三维应用

三维应用是实现项目单体、项目专项和公司级评价三维一体的评价模式。

项目单体评价是针对单个项目进行的评价。

项目专项评价是针对某个特定项目整体进行的评价，可分为省公司、地市公司和县公司三个层级的项目专项评价。

公司整体评价是以单位为目标对象的评价，可分为省公司评价、地市公司评价和县公司评价。

4. 四大方法

四大方法包括对比分析法、成功度评价法、逻辑框架评价法和综合多层次评价法。根据评价需求灵活运用四大方法，在评价方法和规则的应用上，不应局限于特定的方法和模型，而应根据具体场景和需求灵活调整。对于电网输变电工程，可采用"有无比较法"进行经济评价；对于无法开展货币价值核算的专项，可以采用"成功度评价方法"；对于项目画像级的分析，需综合利用逻辑框架分析法和综合多层次评价法，并结合定量和定性的指标。

（三）评价指标梳理

项目评价指标可分为项目过程评价指标和效益评价指标两类，其中过程评价指标侧重项目过程的评价，效益评价指标侧重项目结果的评价。

在过程管控方面，以主要项目全链条节点为依托，基于7大阶段24个节点，从及时性、规范性和投资偏差3个维度评估。在项目评价方面，从运行效益、安全效益、经济效益、社会效益和规划目标实现度等5个维度进行指标梳理。

第二节　电网投资项目评价指标体系构建及指标计量

一、电网投资项目过程评价指标体系

电网投资项目过程评价指标体系如图 4-7 所示。

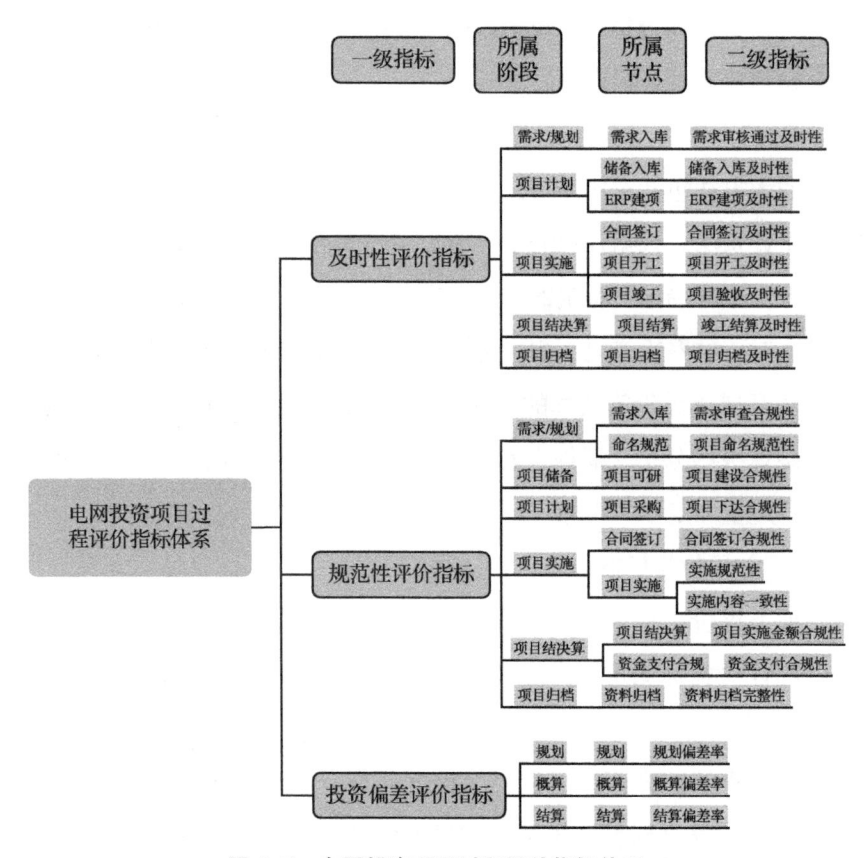

图 4-7　电网投资项目过程评价指标体系

1. 需求入库及时性／规划入库及时性（二选一）

指标定义：需求创建到需求审核完成时间／规划创建到规划库挑选

出库时间。

评分标准：需求创建到需求入库 15 天之内对应 100 分，滞后 0~10 天，线性得分 100~0 分；规划创建到规划入库 15 天之内对应 100 分，滞后 0~10 天，线性得分 100~0 分。

指标权重：0.2/0.4（本指标权重/一级指标权重，以下同）。

2. 可研收口及时性

指标定义：可研完成时间及时性。

评分标准：需求审核完成时间到可研完成时间 30 天之内对应 100 分，滞后 0~10 天，线性得分 100~0 分。

指标权重：0.1/0.4。

3. 可研批复及时性

指标定义：可研批复时间及时性。

评分标准：可研批复时间晚于投资计划下达时间，得 0 分；早于投资计划下达时间，得 100 分。

指标权重：0.1/0.4。

4. 单项工程开工及时性

指标定义：项目是否按照里程碑计划开工。

评分标准：按照计划完成项目开工得 100 分，滞后 0~10 天，线性得分 100~0 分。

指标权重：0.2/0.4。

5. 单项工程竣工及时性

指标定义：项目是否按照里程碑计划竣工。

评分标准：按照计划完成项目竣工得 100 分，滞后 0~10 天，线性得分 100~0 分。

指标权重：0.2/0.4。

6. 单项工程投运及时性

指标定义：项目是否按照里程碑计划投运。

评分标准：工程实际完成竣工后 15 天之内完成投运，得 100 分；竣工后 15~30 天完成投运，对应 100~0 分。

指标权重：0.2/0.4。

7. 项目需求合规性／项目规划合规性（二选一）

指标定义：所有批复项目必须来源于需求库／所有批复项目必须来源于规划库。

评分标准：来源于需求库得 100 分，不符合得 0 分；来源于规划库得 100 分，不符合得 0 分。

指标权重：0.2/0.4。

8. 项目可研合规性

指标定义：单体可研立项需求原则上应 100% 来自规划库。确需紧急启动并且来不及修编规划库的立项需求，可先纳入需求库。

评分标准：可研收口项目来源于需求库或规划库得 100 分，不符合得 0 分。

指标权重：0.1/0.4。

9. 可研批复合规性

指标定义：所有项目设计批复前必须获得可研批复。

评分标准：实际开工时间早于初设批复、合同签订、开工报告，视为未批先建，得 0 分；按里程碑计划开工得 100 分。

指标权重：0.1/0.4。

10. 项目开工合规性

指标定义：项目是否按照里程碑计划开工。

评分标准：项目归档时间未超过里程碑计划时间得 100 分，每超过一天扣 2 分（可申请延期）。

指标权重：0.2/0.4。

11. 项目竣工合规性

指标定义：项目是否按照里程碑计划竣工。

评分标准：单项工程竣工后发生作业信息发布，视为虚假竣工，得 0 分；按里程碑计划竣工得 100 分。

指标权重：0.2/0.4。

12. 项目投运规范性

指标定义：项目是否按照里程碑计划投运。

评分标准：单项工程投运时间早于项目开工时间，得 0 分。

指标权重：0.2/0.4。

13. 可研估算与批准概算偏差率

指标公式：（批准概算 – 可研估算）÷ 可研估算

评分标准：1- 偏差率 ≥ 90%，得 100 分；70%<1- 偏差率 <90%，60~100 分线性得分；低于 70%，得 0 分。

指标权重：0.1/0.2。

14. 批准概算与工程结算偏差率

指标公式：（工程结算 – 批准概算）÷ 批准概算。

评分标准：1- 偏差率 ≥ 90%，得 100 分；70%<1- 偏差率 <90%，60~100 分线性得分；低于 70%，得 0 分。

指标权重：0.1/0.2。

15. 可研与初设配变容量偏差率

指标公式：（初设配变容量 – 可研配变容量）÷ 可研配变容量

评分标准：1- 偏差率 ≥ 90%，得 100 分；70%<1- 偏差率 <90%，60~100 分线性得分；低于 70%，得 0 分。

指标权重：0.05/0.2。

16. 可研与初设配变台数偏差率

指标公式：（初设配变台数 – 可研配变台数）÷ 可研配变台数

评分标准：1- 偏差率 ≥ 90%，得 100 分；70%<1- 偏差率 <90%，60~100 分线性得分；低于 70%，得 0 分。

指标权重：0.05/0.2。

17. 可研与初设 10kV 线路长度偏差率

指标公式：（10 千伏初设线路长度 –10 千伏可研线路长度）÷ 10 千伏可研线路长度

评分标准：1- 偏差率 ≥ 90%，得 100 分；70%<1- 偏差率 <90%，60~100 分线性得分；低于 70%，得 0 分。

指标权重：0.1/0.2。

18. 可研与初设 0.38 千伏及以下线路长度偏差率

指标公式：（0.38 千伏初设线路长度 –10 千伏可研线路长度）÷ 0.38 千伏可研线路长度

评分标准：1- 偏差率 ≥ 90%，得 100 分；70%<1- 偏差率 <90%，60~100 分线性得分；低于 70%，得 0 分。

指标权重：0.1/0.2。

19. 项目子项个数偏差率

指标公式：（初设项目个数 – 可研项目个数）÷ 可研项目个数

评分标准：1- 偏差率 ≥ 90%，得 100 分；70%<1- 偏差率 <90%，60~100 分线性得分；低于 70%，得 0 分。

指标权重：0.1/0.2。

20. 初设与实际完成配变容量偏差率

指标公式：（实际完成配变容量 – 初设配变容量）÷ 初设配变容量

评分标准：1-偏差率≥90%，得100分；70%<1-偏差率<90%，60~100分线性得分；低于70%，得0分。

指标权重：0.05/0.2。

21. 初设与实际完成配变台数偏差率

指标公式：（实际完成配变台数－初设配变台数）÷初设配变台数

评分标准：1-偏差率≥90%，得100分；70%<1-偏差率<90%，60~100分线性得分；低于70%，得0分。

指标权重：0.05/0.2。

22. 初设与实际完成10千伏线路长度偏差率

指标公式：（10千伏实际完成线路长度－10千伏初设线路长度）÷10千伏初设线路长度

评分标准：1-偏差率≥90%，得100分；70%<1-偏差率<90%，60~100分线性得分；低于70%，得0分。

指标权重：0.1/0.2。

23. 初设与实际完成0.38千伏及以下线路长度偏差率

指标公式：（0.38千伏实际完成线路长度－10千伏初设线路长度）÷0.38千伏初设线路长度

评分标准：1-偏差率≥90%，得100分；70%<1-偏差率<90%，60~100分线性得分；低于70%，得0分。

指标权重：0.1/0.2。

24. 项目目标实现偏差率

指标公式：（实际完成项目个数－初设项目个数）÷初设项目个数

评分标准：1-偏差率≥90%，得100分；70%<1-偏差率<90%，60~100分线性得分；低于70%，得0分。

指标权重：0.1/0.2。

二、电网投资项目效益评价指标体系

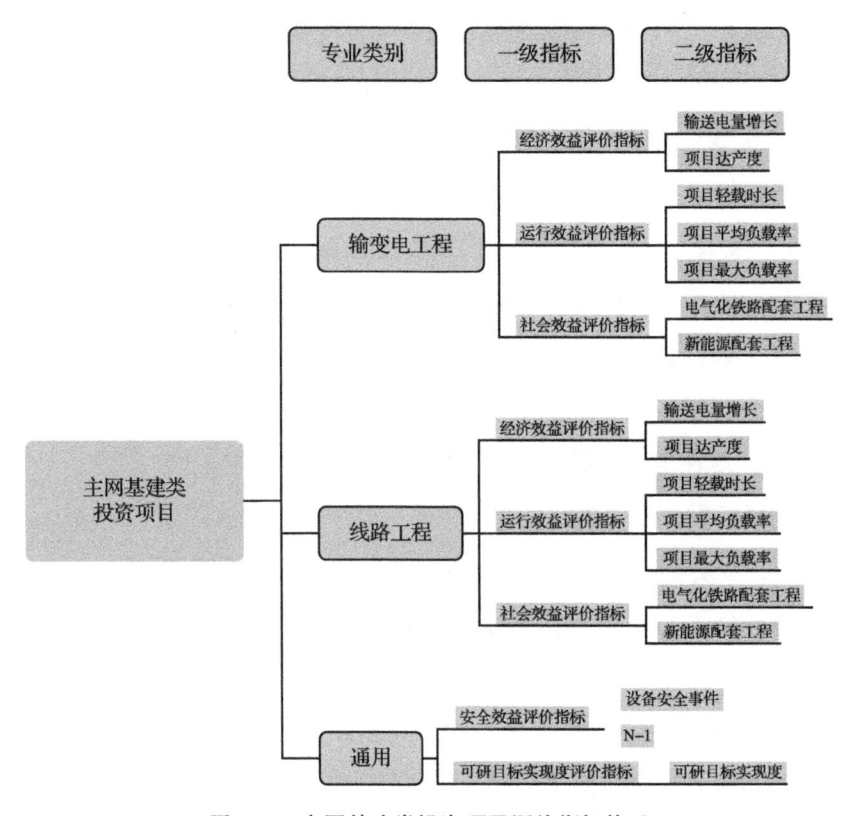

（一）主网基建类投资项目

主网基建类投资项目评价指标体系如图 4-8 所示。

图 4-8　主网基建类投资项目评价指标体系

1. 输送电量增长（输变电工程）

指标公式：投产后输送电量 – 投产前输送电量

评分标准：如果运行年指标值较基准年有所改善（含不变），则得分 =[0.6×（1– 投产后输送电量 ÷ 投产前项目输送电量）+0.4]×100；如果运行年指标较基准年有所恶化（投产后输送电量小于投产前项目输送电量），则得分为 0 分。

指标权重：0.5/0.2（本指标权重/一级指标权重，以下同）。

2. 项目达产度（输变电工程）

指标公式：达产年数÷运行年限（运行年限从有数据记录的第一年开始计算）

评分标准：达产年限越早，经济效益越好。

指标权重：0.5/0.2。

3. 项目轻载时长（输变电工程）

指标公式：变压器轻载时长之和÷主变数量

评分标准：建议项目组对近三年项目取数及计算，确定轻载时间的基准值后，再考虑评分标准（基准值为 60 分）。

指标权重：0.3/0.3。

4. 项目平均负载率（输变电工程）

指标公式：变压器平均负载率之和÷变压器数量

评分标准：对工程变压器（线路）的平均负载率（μ_{avg}, t）进行计算和评价。通过计算变压器（线路）年平均负荷与变压器额定容量的比值，来评价工程变压器的平均负载情况。

指标权重：0.3/0.3。

5. 项目最大负载率（输变电工程）

指标公式：变压器最大负载率之和÷变压器数量。

评分标准：对工程变压器（线路）最大负载率（μ_{max}, t）进行计算和评价。通过计算变压器（线路）出现的最大负荷与变压器额定容量的比值，来评价工程变压器的最大负载情况。

指标权重：0.4/0.3。

6. 电气化铁路配套工程（输变电工程）

指标定义：项目是否属于电气化铁路配套工程。

评分标准：项目属于电气化铁路配套工程，得 100 分；不属于，得 0 分。

指标权重：0.5/0.2。

7. 新能源配套工程（输变电工程）

指标定义：项目是否属于新能源配套工程。

评分标准：项目属于新能源配套工程，得 100 分；不属于，得 0 分。

指标权重：0.5/0.2。

8. 输送电量增长（线路工程）

指标公式：投产后输送电量 – 投产前输送电量

评分标准：如果运行年指标值较基准年有所改善（含不变），则得分 =[0.6 × （1– 投产后输送电量 ÷ 投产前项目输送电量）+0.4] × 100；如果运行年指标较基准年有所恶化（投产后输送电量小于投产前项目输送电量），则得分为 0 分。

指标权重：0.5/0.2

9. 项目达产度（线路工程）

指标公式：变压器的达产度 = 达产年数 ÷ 运行年限（运行年限从有数据记录的第一年开始计算）

评分标准：达产年限越早，经济效益越好。

指标权重：0.5/0.2。

10. 项目轻载时长（线路工程）

指标公式：线路轻载时长之和 ÷ 线路数量

评分标准：无。

指标权重：0.3/0.3。

11. 项目平均负载率（线路工程）

指标公式：线路平均负载率之和 ÷ 线路条数

评分标准：对工程变压器（线路）的平均负载率（μ_{avg}, t）进行计算和评价。通过计算变压器（线路）年平均负荷与变压器额定容量的比值，来评价工程变压器的平均负载情况。

指标权重：0.3/0.3。

12. 项目最大负载率（线路工程）

指标公式：线路最大负载率之和 ÷ 线路条数

评分标准：对工程变压器（线路）最大负载率（μ_{max}, t）进行计算和评价。通过计算变压器（线路）出现的最大负荷与变压器额定容量的比值，来评价工程变压器的最大负载情况。

指标权重：0.2/0.3。

13. 电气化铁路配套工程（线路工程）

指标定义：项目是否属于电气化铁路配套工程。

评分标准：项目属于电气化铁路配套工程，得100分；不属于，得0分。

指标权重：0.5/0.2。

14. 新能源配套工程（线路工程）

指标定义：项目是否属于新能源配套工程。

评分标准：项目属于新能源配套工程，得100分；不属于，得0分。

指标权重：0.5/0.2。

15. 设备安全事件

指标定义：项目投运后按发生非计划停运、跳闸、故障等设备事件扣分。

评分标准：发生一次扣20分。

指标权重：0.5/0.1。

16. N-1

指标定义：项目投运后是否通过 N-1 校验。

评分标准：项目投运后通过 N-1 校验，得 100 分；未通过，得 0 分。

指标权重：0.5/0.1。

17. 可研目标实现度

指标定义：基于可研评审时，预设的目标是否完成。

评分标准：预设目标全部完成，得 100 分；未完成，得 0 分；具有多个目标的，按未完成项比例扣分。

指标权重：1/0.2。

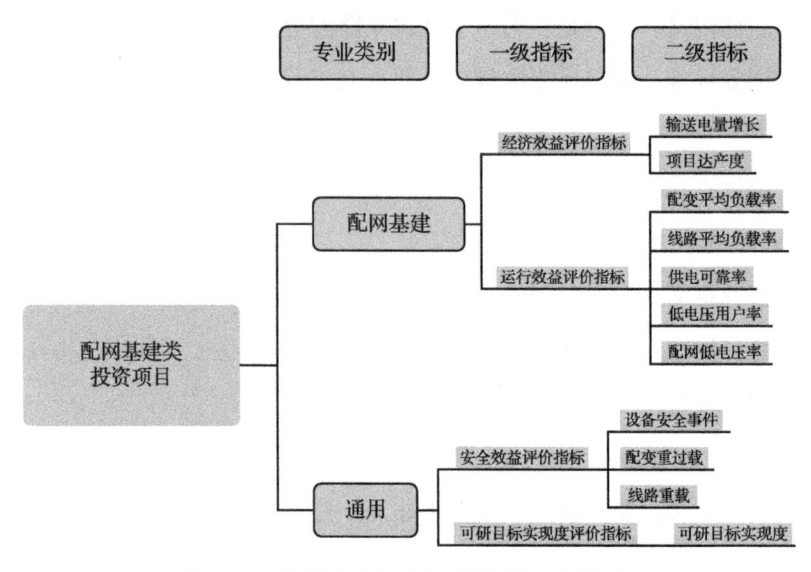

（二）配网基建类投资项目

配网基建类投资项目评价指标体系如图 4-9 所示。

图 4-9 配网基建类投资项目评价指标体系

1. 输送电量增长

指标公式：投产后输送电量－投产前输送电量

评分标准：如果运行年指标值较基准年有所改善（含不变），则得分 =[0.6×（1－投产后输送电量÷投产前项目输送电量）+0.4]×100；如果运行年指标较基准年有所恶化（投产后输送电量小于投产前项目输送电量），则得分为 0 分。

指标权重：0.5/0.2。

2. 项目达产度

指标公式：变压器的达产度＝达产年数÷运行年限（运行年限从有数据记录的第一年开始计算）。

评分标准：达产年限越早，经济效益越好。

指标权重：0.5/0.2。

3. 配变平均负载率

指标公式：配变年运行等效平均负载率＝∑（配变年下网电量＋配变年上网电量）÷∑（配变额定容量×8760）

评分标准：根据配变平均负载率排名，通过正态分布计算，分为 A、B、C、D、E 五段。A 段（排名前 10%）得 100 分；B 段（排名前 10%~30%）得 80 分；C 段（排名 30%~60%）得 60 分；D 段（排名 60%~90%）得 40 分；E 段（排名后 10%）得 0 分。

指标权重：0.2/0.4。

4. 线路平均负载率

指标公式：∑单条中压公用配电线路平均负载率÷中压公用配电线路总条数

注：单条中压公用配电线路平均负载率＝单条中压公用配电线路实际供电量÷单条中压公用配电线路额定输送电量×100%。

评分标准：根据线路的平均负载率排名，通过正态分布计算，分为A、B、C、D、E五段。A段（排名前10%）得100分；B段（排名前10%~30%）得80分；C段（排名30%~60%）得60分；D段（排名60%~90%）得40分；E段（排名后10%）得0分。

指标权重：0.2/0.4。

5. 供电可靠率

指标公式：（8760- 设备停电时长）÷8760×100%

评分标准：对于新建的配电线路或台区，一年内设备停电时间越长，得分越低。设备停电时间占比100%，得0分；设备停电时间占比50%，得50分；设备停电时间占比0%，得100分。

指标权重：0.2/0.4。

6. 低电压用户率

指标公式：低电压用户数÷总用户数×100%

评分标准：对于新建的配电线路或台区，一年内发生低电压用户数越多，得分越低。发生低电压用户数占比100%，得0分；发生低电压用户数占比50%，得50分；发生低电压用户数占比0%，得100分。

指标权重：0.2/0.4。

7. 配网低电压率

指标公式：台区出口低电压平均台天数×0.5+用户低电压平均户天数×0.5

评分标准：根据下降情况排名，通过正态分布计算，分为A、B、C、D、E五段。A段（排名前10%）得100分；B段（排名前10%~30%）得80分；C段（排名30%~60%）得60分；D段（排名60%~90%）得40分；E段（排名后10%）得0分。

指标权重：0.2/0.4。

8. 设备安全事件

指标定义：项目投运后根据发生非计划停运、跳闸、故障等设备事件进行扣分。

评分标准：发生一次扣 20 分。

指标权重：0.4/0.2。

9. 配变重过载

指标定义：根据发生次数进行扣分。

评分标准：新建配电台区在投运一年内若发生重过载情况得 0 分，未发生得 100 分。

指标权重：0.2/0.2。

10. 线路重载

指标定义：根据发生次数进行扣分。

评分标准：新建配电线路或线路段在投运一年内若发生重过载情况得 0 分，未发生得 100 分。

指标权重：0.4/0.2。

11. 可研目标实现度

指标定义：基于可研评审时，预设的目标是否完成。

评分标准：预设目标全部完成，得 100 分；未完成，得 0 分；具有多个目标的，按未完成项比例扣分。

指标权重：1/0.2。

（三）零星购置类投资项目

零星购置类投资项目评价指标体系如图 4-10 所示。

1. 车辆公里数

指标公式：投运单位时间内公里数 ÷ 同类车辆平均公里数 ×100%

评分标准：大于或等于 100% 得 100 分，每低 10%，扣 20 分。

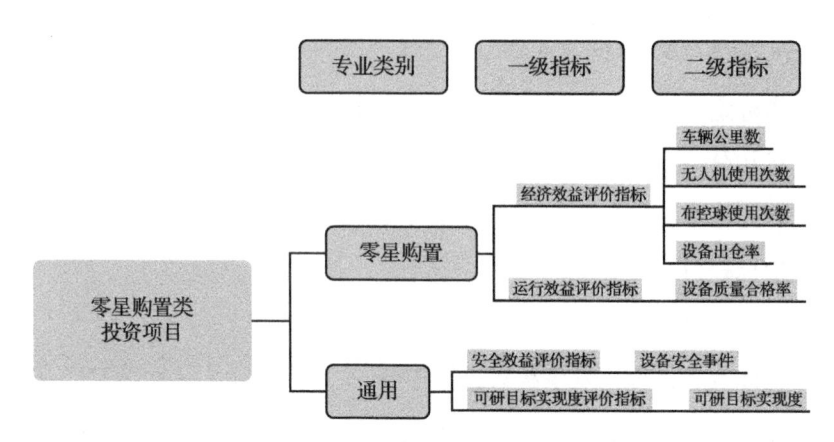

图 4-10 零星购置类投资项目评价指标体系

指标权重：0.25/0.3。

2. 无人机使用次数

指标公式：投运单位时间内使用次数 ÷ 同类设备平均使用次数

评分标准：大于或等于100%得100分，每低10%，扣20分。

指标权重：0.25/0.3。

3. 布控球使用次数

指标公式：投运单位时间内使用次数 ÷ 同类设备平均使用次数

评分标准：大于或等于100%得100分，每低10%，扣20分。

指标权重：0.25/0.3。

4. 设备出仓率

指标定义：是否在物资仓库出仓。

评分标准：出仓得100分，未出仓得0分。

指标权重：0.25/0.3。

5. 设备质量合格率

指标公式：（1-服务质量不合格设备数 ÷ 评价期内投运项目总数）×100%

评分标准：不合格响应是在投运设备发生故障时，供应商未按合同规定响应或响应不及时；解决故障是在设备发生故障时，供应商做出响应并及时解决；服务质量的评价依据为供应商提供的服务是否满足合同规定的售后服务内容、服务范围、服务方式等相关条款要求。

指标权重：1/0.3。

6. 设备安全事件

指标定义：基于设备质量导致安全事故。

评分标准：根据设备质量导致的安全事故次数进行扣分，出现人员伤亡得 0 分。

指标权重：1/0.2。

7. 可研目标实现度

指标定义：基于可研评审时，预设的目标是否完成。

评分标准：预设目标全部完成得 100 分，未完成得 0 分，具有多个目标的，按未完成项比例扣分。

指标权重：1/0.2。

（四）电网小型基建类投资项目

电网小型基建类投资项目评价指标体系如图 4-11 所示。

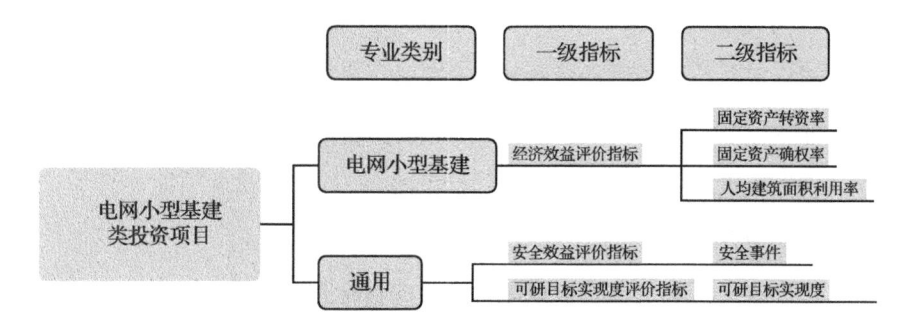

图 4-11 电网小型基建类投资项目评价指标体系

1. 固定资产转资率

指标公式：专项计划年度形成的固定资产总额÷年度投资计划下达值×100%

评分标准：固定资产转资率≥100%，得100分，每低10%，扣20分。

指标权重：0.3/0.6。

2. 固定资产确权率

指标公式：本年度确权项目数量÷上年度竣工项目数量×100%

评分标准：固定资产确权率≥100%，得100分，每低10%，扣20分。

指标权重：0.3/0.6。

3. 人均建筑面积利用率

指标公式：[1− 当期使用总建筑面积÷当期定员数]÷前期总建筑面积÷前期定员数

评分标准：这是综合性指标。项目投用后，人均使用面积配比等基础设施指标的增加情况。

指标权重：0.4/0.6。

4. 安全事件

指标定义：房屋质量导致的安全事故。

评分标准：根据安全事件的发生次数扣分，出现人员伤亡的得0分。

指标权重：1/0.2。

5. 可研目标实现度

指标定义：基于可研评审时，预设的目标是否完成。

评分标准：预设目标全部完成得100分，未完成得0分，具有多个目标的，按未完成项比例扣分。

指标权重：1/0.2。

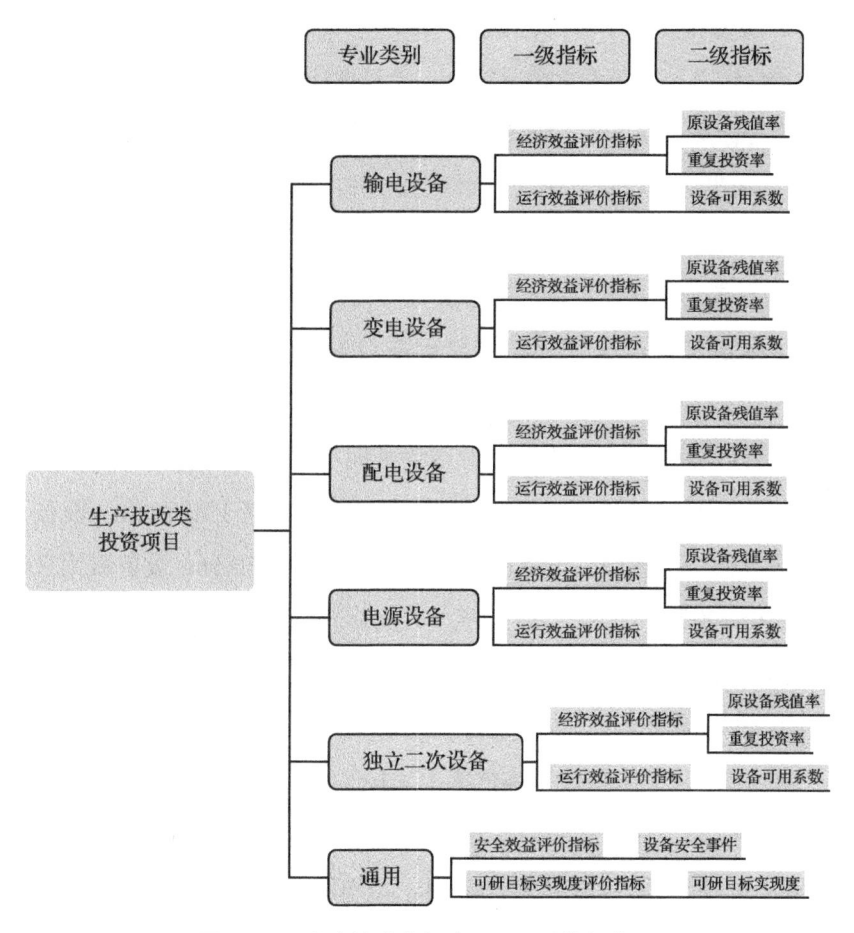

（五）生产技改类投资项目

生产技改类投资项目评价指标体系如图 4-12 所示。

图 4-12　生产技改类投资项目评价指标体系

1. 原设备残值率（输电设备）

指标公式：（1- 原设备残值率）×100%。

评分标准：原设备残值率越高，得分越低。原设备残值率为 0%

时，得 100 分；原设备残值率为 50% 时，得 50 分；原设备残值率为 100% 时，得 0 分。

指标权重：0.4/0.3。

2. 重复投资率（输电设备）

指标定义：根据发生情况评分，无具体计算公式。

评分标准：在 5 年（或 3 年）内，同一台设备（不含应急、抢修项目），如果没有发生重复改造，则得 100 分；如果发生，则得 0 分。

指标权重：0.6/0.3。

3. 设备可用系数（输电设备）

指标定义：对比分析项目投运前后 1 年内设备可用系数的变化情况。

设备可用系数 = 可用小时 ÷ 统计期间小时 × 100%

评分标准：可靠性（回路 or 设备），数据系统 PMS 赋值。设备可用系数降低，不得分；设备可用系数无变化，得 50 分；设备可用系数提高，得 100 分。

指标权重：1/0.3。

4. 原设备残值率（变电设备）

指标公式：（1− 原设备残值率）× 100%

评分标准：原设备残值率越高，得分越低。原设备残值率为 0 时，得 100 分；原设备残值率为 50% 时，得 50 分；原设备残值率为 100% 时，得 0 分。

指标权重：0.4/0.3。

5. 重复投资率（变电设备）

指标定义：根据重复投资发生情况评分，无具体计算公式。

评分标准：在 5 年（或 3 年）内，同一台设备（不含应急、抢修项目），如果没有发生重复改造，则得100分；如果发生，则得0分。

指标权重：0.6/0.3。

6. 设备可用系数（变电设备）

指标定义：对比分析项目投运前后1年内设备可用系数的变化情况。

设备可用系数＝可用小时÷统计期间小时×100%

评分标准：可靠性（回路or设备），数据系统PMS赋值。设备可用系数降低，不得分；设备可用系数无变化，得50分；设备可用系数提高，得100分。

指标权重：1/0.3。

7. 原设备残值率（配电设备）

指标公式：（1－原设备残值率）×100%

评分标准：原设备残值率越高，得分越低。原设备残值率为0%时，得100分；原设备残值率为50%时，得50分；原设备残值率为100%时，得0分。

指标权重：0.4/0.3。

8. 重复投资率（配电设备）

指标定义：根据重复投资发生情况评分，无具体计算公式。

评分标准：在5年（或3年）内，同一台设备（不含应急、抢修项目），如果没有发生重复改造，则得100分，如果发生，则得0分。

指标权重：0.6/0.3。

9. 设备可用系数（配电设备）

指标定义：对比分析项目投运前后1年内设备可用系数的变化情况。

设备可用系数＝可用小时÷统计期间小时×100%

评分标准：可靠性（回路 or 设备），数据系统 PMS 赋值。设备可用系数降低，不得分；设备可用系数无变化，得 50 分；设备可用系数提高，得 100 分。

指标权重：1/0.3。

10. 原设备残值率（电源设备）

指标公式：(1- 原设备残值率) ×100%

评分标准：原设备残值率越高，得分越低。原设备残值率为 0% 时，得 100 分；原设备残值率为 50% 时，得 50 分；原设备残值率为 100% 时，得 0 分。

指标权重：0.4/0.3。

11. 重复投资率（电源设备）

指标定义：根据重复投资发生情况评分，无具体计算公式。

评分标准：在 5 年（或 3 年）内，同一台设备（不含应急、抢修项目），如果没有发生重复改造，则得 100 分；如果发生，则得 0 分。

指标权重：0.6/0.3。

12. 设备可用系数（电源设备）

指标定义：对比分析项目投运前后 1 年内设备可用系数的变化情况。

设备可用系数 = 可用小时 ÷ 统计期间小时 ×100%

评分标准：可靠性（回路 or 设备），数据系统 PMS 赋值。设备可用系数降低，不得分；设备可用系数无变化，得 50 分；设备可用系数提高，得 100 分。

指标权重：1/0.3。

13. 原设备残值率（独立二次设备）

指标公式：(1- 原设备残值率) ×100%

评分标准：原设备残值率越高，得分越低。原设备残值率为0%时，得100分；原设备残值率为50%时，得50分；原设备残值率为100%时，得0分。

指标权重：0.4/0.3。

14. 重复投资率（独立二次设备）

指标公式：根据重复投资发生情况评分，无具体计算公式。

评分标准：在5年（或3年）内，同一台设备（不含应急、抢修项目），如果没有发生重复改造，则得100分；如果发生，则得0分。

指标权重：0.6/0.3。

15. 设备可用系数（独立二次设备）

指标定义：对比分析项目投运前后1年内设备可用系数的变化情况。

设备可用系数 = 可用小时 ÷ 统计期间小时 × 100%

评分标准：可靠性（回路or设备），数据系统PMS赋值。设备可用系数降低，不得分；设备可用系数无变化，得50分；设备可用系数提高，得100分。

指标权重：1/0.3。

16. 设备安全事件

指标定义：根据设备安全事件发生情况进行评分，无具体计算公式。

评分标准：发生设备安全事件得0分，未发生得100分。

指标权重：1/0.2。

17. 可研目标实现度

指标定义：基于可研评审时，预设的目标是否完成。

评分标准：预设目标全部完成得100分，未完成得0分，具有多个目标的，按未完成项比例扣分。

指标权重：1/0.2。

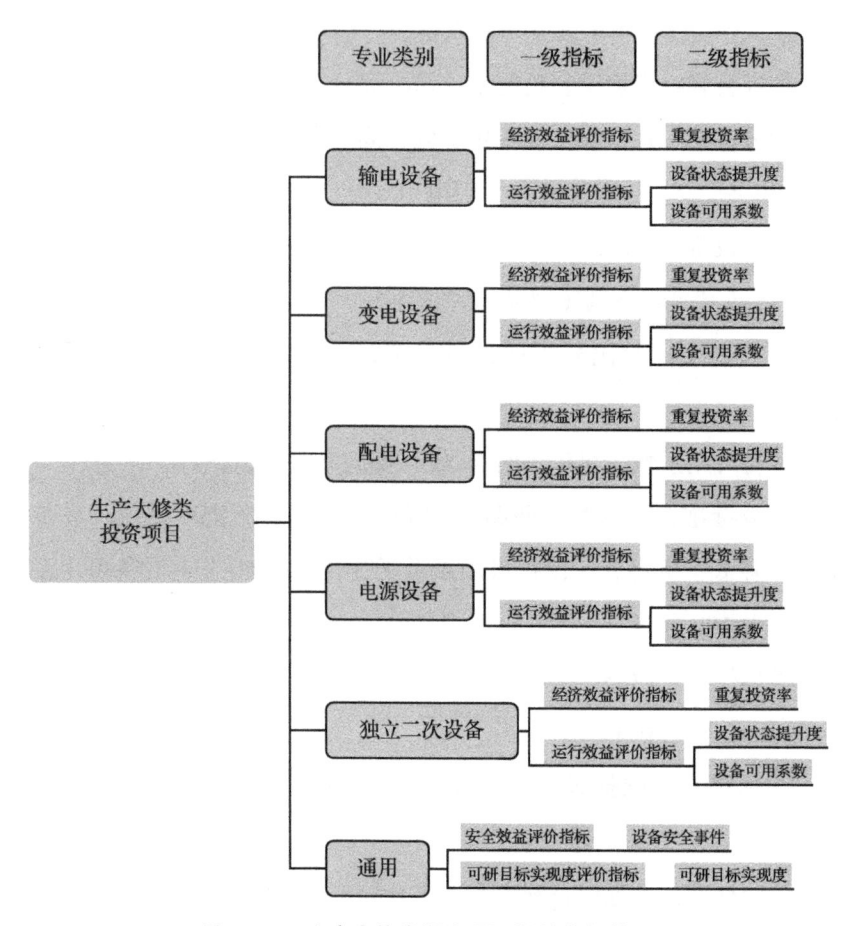

（六）生产大修类投资项目

生产大修类投资项目评价指标体系如图 4-13 所示。

图 4-13　生产大修类投资项目评价指标体系

1. 重复投资率（输电设备）

指标公式：根据发生情况进行评分，无具体计算公式。

评分标准：在 5 年（或 3 年）内，同一台设备（不含应急、抢修项目），如果没有发生重复改造，则得100分；如果发生，则得0分。

指标权重：1/0.3。

2. 设备状态提升度（输电设备）

指标定义：根据设备状态评分，无具体计算公式。

评分标准：设备状态分为正常、注意、异常和严重4个等级。改造前设备"正常"不得分；"注意"提升至"正常"得20分；"异常"提升至"正常"得50分；"严重"提升至"正常"得100分。

指标权重：0.5/0.3。

3. 设备可用系数（输电设备）

指标定义：对比分析项目投运前后1年内设备可用系数的变化情况。

设备可用系数 = 可用小时 ÷ 统计期间小时 ×100%

评分标准：可靠性（回路 or 设备），数据系统 PMS 赋值。设备可用系数降低，不得分；设备可用系数无变化，得50分；设备可用系数提高，得100分。

指标权重：0.5/0.3。

4. 重复投资率（变电设备）

指标定义：根据重复投资发生情况评分，无具体计算公式。

评分标准：在5年（或3年）内，同一台设备（不含应急、抢修项目），如果没有发生重复改造，则得100分；如果发生，则得0分。

指标权重：1/0.3。

5. 设备状态提升度（变电设备）

指标定义：根据设备状态提升度评分，无具体计算公式。

评分标准：设备状态分为正常、注意、异常和严重4个等级。改造前设备"正常"不得分；"注意"提升至"正常"得20分；"异常"提升至"正常"得50分;"严重"提升至"正常"得100分。

指标权重:0.5/0.3。

6. 设备可用系数(变电设备)

指标定义:对比分析项目投运前后1年内设备可用系数的变化情况。

设备可用系数 = 可用小时 ÷ 统计期间小时 × 100%

评分标准:可靠性(回路or设备),数据系统PMS赋值。设备可用系数降低,不得分;设备可用系数无变化,得50分;设备可用系数提高,得100分。

指标权重:0.5/0.3。

7. 重复投资率(配电设备)

指标定义:根据重复投资发生情况评分,无具体计算公式。

评分标准:在5年(或3年)内,同一台设备(不含应急、抢修项目),如果没有发生重复改造,则得100分;如果发生,则得0分。

指标权重:1/0.3。

8. 设备状态提升度(配电设备)

指标定义:根据设备状态提升度评分,无具体计算公式。

评分标准:设备状态分为正常、注意、异常和严重4个等级。改造前设备"正常"不得分;"注意"提升至"正常"得20分;"异常"提升至"正常"得50分;"严重"提升至"正常"得100分。

指标权重:0.5/0.3。

9. 设备可用系数(配电设备)

指标定义:对比分析项目投运前后1年内设备可用系数的变化情况。

设备可用系数 = 可用小时 ÷ 统计期间小时 × 100%

评分标准：可靠性（回路 or 设备），数据系统 PMS 赋值。设备可用系数降低，不得分；设备可用系数无变化，得 50 分；设备可用系数提高，得 100 分。

指标权重：0.5/0.3。

10. 重复投资率（电源设备）

指标定义：根据重复投资发生情况评分，无具体计算公式。

评分标准：在 5 年（或 3 年）内，同一台设备（不含应急、抢修项目），如果没有发生重复改造，则得 100 分；如果发生，则得 0 分。

指标权重：1/0.3。

11. 设备状态提升度（电源设备）

指标定义：根据设备状态提升度评分，无具体计算公式。

评分标准：设备状态分为正常、注意、异常和严重 4 个等级。改造前设备"正常"不得分；"注意"提升至"正常"得 20 分；"异常"提升至"正常"得 50 分；"严重"提升至"正常"得 100 分。

指标权重：0.5/0.3。

12. 设备可用系数（电源设备）

指标定义：对比分析项目投运前后 1 年内设备可用系数的变化情况。

设备可用系数 = 可用小时 ÷ 统计期间小时 × 100%

评分标准：可靠性（回路 or 设备），数据系统 PMS 赋值。设备可用系数降低，不得分；设备可用系数无变化，得 50 分；设备可用系数提高，得 100 分。

指标权重：0.5/0.3。

13. 重复投资率（独立二次设备）

指标定义：根据重复投资发生情况评分，无具体计算公式。

评分标准：在 5 年（或 3 年）内，同一台设备（不含应急、抢修项目），如果没有发生重复改造，则得 100 分；如果发生，则得 0 分。

指标权重：1/0.3。

14. 设备状态提升度（独立二次设备）

指标定义：根据设备状态提升度评分，无具体计算公式。

评分标准：设备状态分为正常、注意、异常和严重 4 个等级。改造前设备"正常"不得分；"注意"提升至"正常"得 20 分；"异常"提升至"正常"得 50 分；"严重"提升至"正常"得 100 分。

指标权重：0.5/0.3。

15. 设备可用系数（独立二次设备）

指标定义：对比分析项目投运前后 1 年内设备可用系数的变化情况。

设备可用系数 = 可用小时 ÷ 统计期间小时 × 100%

评分标准：可靠性（回路 or 设备），数据系统 PMS 赋值。设备可用系数降低，不得分；设备可用系数无变化，得 50 分；设备可用系数提高，得 100 分。

指标权重：0.5/0.3。

16. 设备安全事件

指标定义：根据设备安全事件发生情况评分，无具体计算公式。

评分标准：发生设备安全事件得 0 分，未发生得 100 分。

指标权重：1/0.2。

17. 可研目标实现度

指标定义：基于可研评审时，预设的目标是否完成。

评分标准：预设目标全部完成得 100 分，未完成得 0 分；具有多个目标的，按未完成项比例扣分。

指标权重：1/0.2。

（七）生产辅助技改类投资项目

生产辅助技改类投资项目评价指标体系如图 4-14 所示。

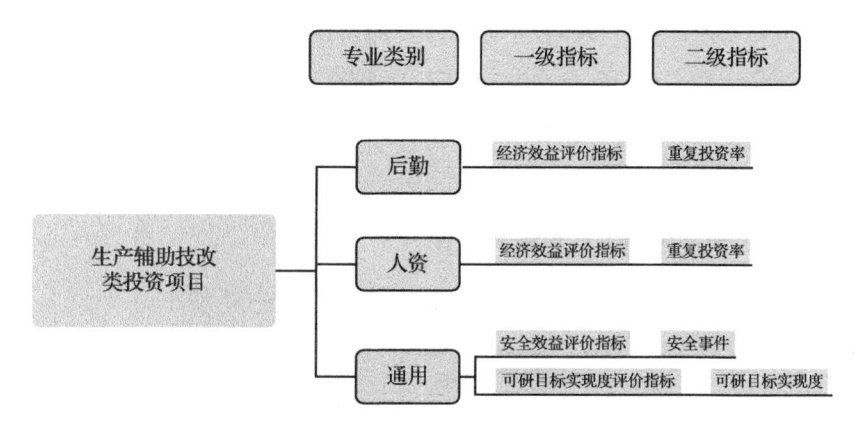

图 4-14　生产辅助技改类投资项目评价指标体系

1. 重复投资率（后勤）

指标定义：根据重复投资发生情况评分，无具体计算公式。

评分标准：单位时间内同类型重复投资不发生得 100 分，发生得 0 分。

指标权重：1/0.6。

2. 重复投资率（人资）

指标定义：根据重复投资发生情况评分，无具体计算公式。

评分标准：单位时间内同类型重复投资不发生得 100 分，发生得 0 分。

指标权重：1/0.6。

3. 安全事件

指标定义：基于房屋质量导致的安全事故进行评分。

评分标准：按安全事件发生次数扣分，每次扣 20 分，出现人员伤亡的扣 100 分。

指标权重：1/0.2。

4. 可研目标实现度

指标定义：基于可研评审时，预设的目标是否完成。

评分标准：预设目标全部完成得 100 分，未完成得 0 分；具有多个目标的，按未完成项比例扣分。

指标权重：1/0.2。

（八）生产辅助大修类投资项目

生产辅助大修类投资项目评价指标体系如图 4-15 所示。

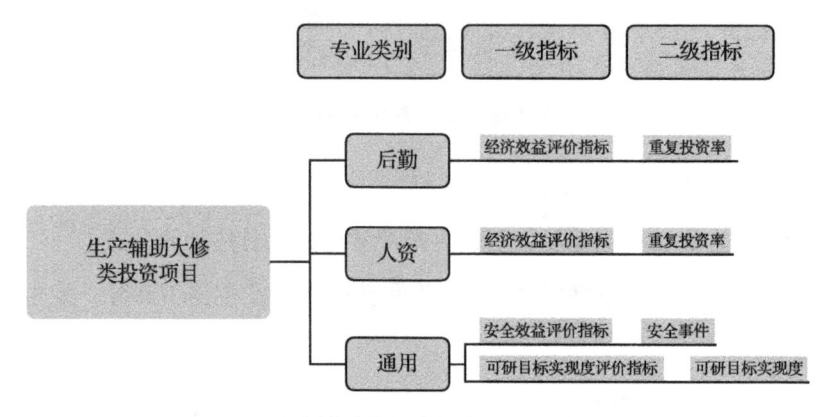

图 4-15　生产辅助大修类投资项目评价指标体系

1. 重复投资率（后勤）

指标定义：根据重复投资发生情况评分，无具体计算公式。

评分标准：单位时间内同类型重复投资不发生得 100 分，发生得 0 分。

指标权重：1/0.6。

2. 重复投资率（人资）

指标定义：根据重复投资发生情况评分，无具体计算公式。

评分标准：单位时间内同类型重复投资不发生得 100 分，发生得 0 分。

指标权重：1/0.6。

3. 安全事件

指标定义：基于房屋质量导致的安全事故进行评分。

评分标准：按次数扣分，每次扣 20 分，出现人员伤亡扣 100 分。

指标权重：1/0.2。

4. 可研目标实现度

指标定义：基于可研评审时，预设的目标是否完成。

评分标准：预设目标全部完成得 100 分，未完成得 0 分；具有多个目标的，按未完成项比例扣分。

指标权重：1/0.2。

（九）电网数字化类投资项目

电网数字化类投资项目评价指标体系如图 4-16 所示。

1. 关键业务增长率（开发实施类项目）

指标公式：（上线后第二年关键业务条数 – 上线后第一年关键业务条数）÷ 上线后第一年关键业务条数

评分标准：关键业务增长率 × 100。

指标权重：0.5/0.8。

备注：该指标的取值基于项目验收后第二年与第一年的关键业务条数；各单位应根据实际情况填报，并提供相关说明，包括关键业务的名称和内容，以及每年关键业务的增长条数。

2. 系统应用度（开发实施类项目）

指标公式：（功能活跃度 + 用户活跃度 + 功能授权度）÷ 3

评分标准：功能活跃度 = 活跃功能数 ÷ 系统总功能数 × 100；系

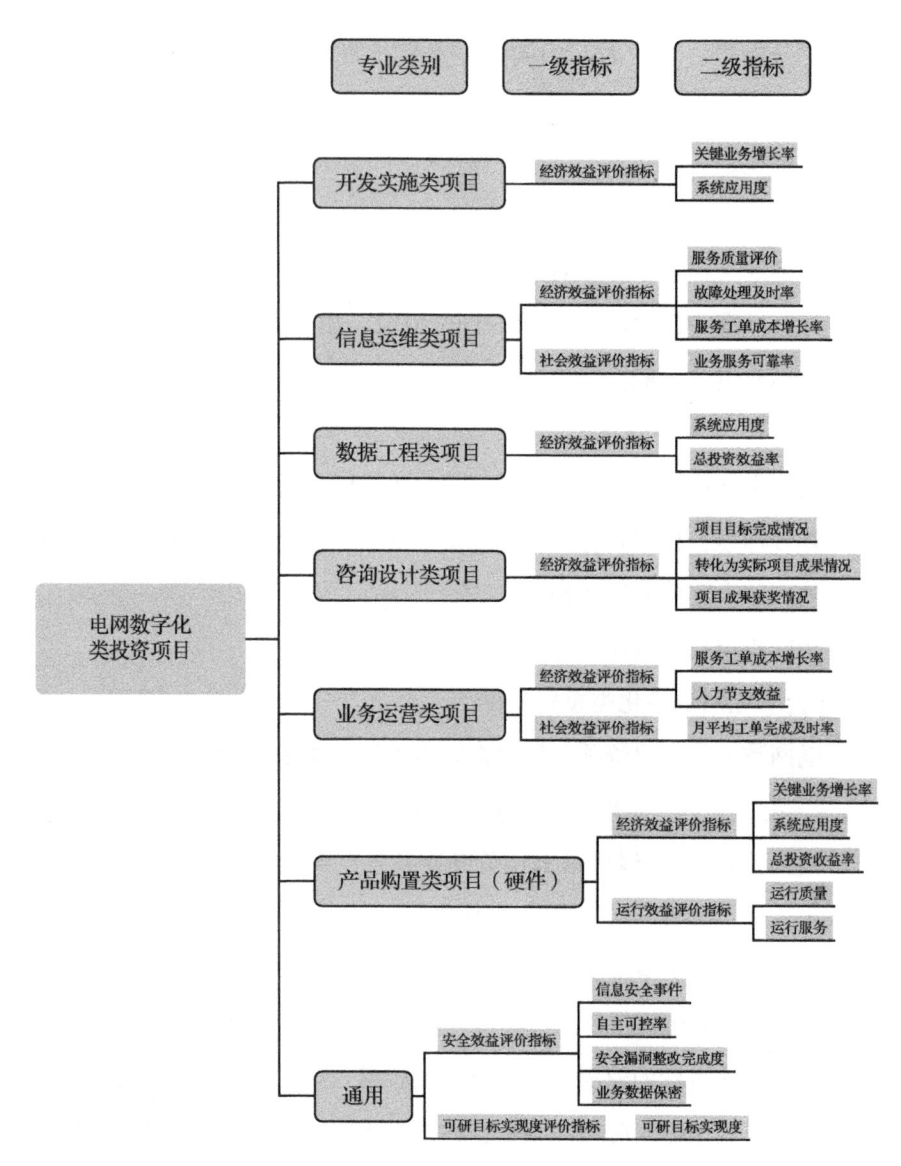

图 4-16　电网数字化类投资项目评价指标体系

统功能月度访问量均值大于或等于1的功能为活跃功能。

用户活跃度 = 活跃用户数 ÷ 授权用户总数 ×100；用户的月度系统访问量均值大于或等于1的为活跃用户。

功能授权度 =[系统总功能数 – 未授权功能数（未授权给任何用户的功能）] ÷ 系统总功能数 × 100。

指标权重：0.5/0.8。

备注：该指标的取值基于项目验收后两年内由信息系统统计产生的数值；各单位应从系统中抽取数据进行填报，并提供截图。

3. 服务质量评价（信息运维类项目）

指标定义：四个季度合格的服务质量评价。

评分标准：如果四个季度均有合格的服务质量评价，则得分100分；如果任何一个季度的服务质量评价缺失或不合格，则扣25分，扣完为止。

指标权重：0.4/0.6。

备注：该指标涉及信息运维类项目；该指标的取值基于信息运维项目所在年度产生的服务质量评价数据；人为导致的系统、设备故障或其他考核事件，而该季度服务质量评价未体现，则该季度服务质量评价不合格；该指标由运维单位提供佐证。

4. 故障处理及时率（信息运维类项目）

指标公式：及时处理次数 ÷ 故障申报总次数

评分标准：故障处理及时率 ≥ 95%，得100分；故障处理及时率 ≤ 50%，得0分；故障处理及时率在50%~95%，得分为（故障处理及时率 –50%）÷（95%–50%）× 100）。

指标权重：0.3/0.6。

备注：IF { 故障处理及时率 ≥ 95%，100，IF [故障处理及时率 ≤ 50%，0分，（故障处理及时率 –50%）÷（95%–50%）× 100]}。

5. 服务工单成本增长率（信息运维类项目）

指标公式：[（本年度项目金额 ÷ 本年度服务工单数量）÷（上年度

项目金额÷上年度服务工单数量)÷(本年度基本人工单价(中级)÷上年度基本人工单价(中级)]

评分标准：服务工单成本增长率≤0.05，得100分；0.05<服务工单成本增长率≤0.3，得60分；服务工单成本增长率≥0.3，得0分。

指标权重：0.3/0.6。

备注：该指标涉及信息运维类项目；该指标的取值基于信息运维项目所在年度产生的数据；该指标由运维单位提供佐证。

6. 业务服务可靠率（信息运维类项目）

指标公式：系统可用率×50%+检修成功率×30%+自动化运维工具业务覆盖率×20%

评分标准：系统可用率=系统稳定运行时长÷系统运行总时长；

检修成功率=系统按检修计划检修成功次数÷检修总次数；

自动化运维工具业务覆盖率=自动化运维业务项÷系统运维业务项总量。

指标权重：1/0.2。

7. 系统应用度（数据工程类项目）

指标公式：（功能活跃度+用户活跃度+功能授权度）÷3

评分标准：功能活跃度=活跃功能数÷系统总功能数×100，系统功能月度访问量均值大于或等于1的功能为活跃功能。

用户活跃度=活跃用户数÷授权用户总数×100；用户的月度系统访问量均值大于或等于1的为活跃用户。

功能授权度=[系统总功能数－未授权功能数（未授权给任何用户的功能）]÷系统总功能数×100。

指标权重：0.6/0.8。

备注：对于有系统建成的数据工程项目，选用该指标；该指标的取值基于项目验收后两年内由信息系统统计产生的数值；各单位应从系统中抽取数据进行填报，并提供截图。

8. 总投资效益率（数据工程类项目）

指标公式：对内节约人力（人/天）× 系统内平均人工成本（元/人/天）+ 对外数据增值（元）÷ 项目总投资金额（元）

评分标准：总投资收益率≥1，得60分；总投资收益率≥1.2，得80分；总投资收益率≥1.5，得100分；总投资收益率<1，得0分。

指标权重：0.4/0.8。

备注：对于有系统建成的数据工程项目，选用该指标；经济效益包括项目验收后两年内对内提效（节省人力成本金额）和外部增值（对外数据增值金额）；各单位应根据实际情况填报，并提供相关佐证材料。

9. 项目目标完成情况（咨询设计类项目）

指标定义：根据项目目标完成情况评分，无具体计算公式。

评分标准：项目目标完成得分，未完成不得分。

指标权重：0.4/0.8。

10. 转换为实际项目成果情况（咨询设计类项目）

指标定义：根据转换为实际项目成果情况评分，无具体计算公式。

评分标准：项目中的产出成果是否应用，未应用得0分，应用得100分。

指标权重：0.4/0.8。

11. 项目成果获奖情况（咨询设计类项目）

指标公式：根据项目成果获奖情况评分，无具体计算公式。

评分标准：项目成果，获得国家级奖项，每项加5分；获得省部级奖项，每项加3分；获得地市级奖项，每项加2分。

指标权重：0.2/0.8。

备注：论文、专利、获奖等加分项。

12. 服务工单成本增长率（业务运营类项目）

指标公式：[（本年度项目金额÷本年度服务工单数量）÷（上年度项目金额÷上年度服务工单数量）×（本年度基本人工单价（中级）÷上年度基本人工单价（中级））]

评分标准：服务工单成本增长率≤0.05，得100分；0.05<服务工单成本增长率≤0.3，得60分；服务工单成本增长率≥0.3，得0分。

指标权重：0.4/0.6。

13. 人力节支效益（业务运营类项目）

指标公式：（上年度工作量投入－本年度工作量投入）÷上年度工作量投入×100%

评分标准：0<人力节支效益<0.6，得60分；0.6≤人力节支效益≤1，得分60~100。

指标权重：0.6/0.6。

备注：通过业务运营工作减少人力成本投入，提高工作效率（节支）产生的效益，工作量投入单位为"人/天"。

14. 月平均工单完成及时率（业务运营类项目）

指标公式：SUM（每月及时完成的工单数量÷计划完成的工单数量×100%）÷项目时长（月）

评分标准：根据工单可得。

指标权重：1/0.2。

15. 关键业务增长率[产品购置类项目（硬件）]

指标公式：（上线后第二年关键业务条数－上线后第一年关键业务条数）÷上线后第一年关键业务条数

评分标准：关键业务增长率×100

指标权重：0.3/0.5。

备注：软件购置项目，该指标取值为项目验收后第二年与第一年的关键业务条数；各单位应根据实际情况填报，并提供相关说明，包括关键业务的名称和内容，并列明每年关键业务增长条数。

16. 系统应用度 [产品购置类项目（硬件）]

指标公式：（功能活跃度＋用户活跃度＋功能授权度）÷3

评分标准：功能活跃度＝活跃功能数÷系统总功能数×100，系统功能月度访问量均值大于或等于1的功能为活跃功能。

用户活跃度＝活跃用户数÷授权用户总数×100，用户的月度系统访问量均值大于或等于1的为活跃用户。

功能授权度＝[（系统总功能数－未授权功能数（未授权给任何用户的功能）]÷系统总功能数×100。

指标权重：0.3/0.5。

备注：软件购置项目，该指标的取值基于项目验收后两年内由信息系统统计产生的数值；各单位应从系统中抽取数据填报，并提供截图。

17. 总投资收益率 [产品购置类项目（硬件）]

指标公式：[对内提效（元）＋对外增值（元）] ÷项目总投资金额（元）

评分标准：总投资收益率≥1，得60分；总投资收益率≥1.2，得80分；总投资收益率≥1.5，得100分；总投资收益率＜1，得分0。

指标权重：0.4/0.5。

备注：

软件购置项目，该指标取值为项目验收后两年内信息系统或单位统计产生的数值；对内提效是通过信息化工作减少成本投入，提高工作效率（节支）产生的效益，对内提效=（使用系统前单位或部门完成相关工作所需人天数－使用系统后单位或部门完成相关工作所需人天数）×相关人员平均人天成本；对外增值是通过信息化产品服务销售带来的效益，对外增值=对系统外信息化产品服务销售收入+对系统内信息化产品服务销售收入；该指标由各单位根据实际情况填报，并提供相关佐证材料。

18. 运行质量 [产品购置类项目（硬件）]

指标公式：运行故障率=投运设备发生故障的总次数÷投运设备的总数量×100%

评分标准：评价分为优、良、中、差四个等级。运行故障率在0%~0.5%的为"优"，得90~100分；故障率在0.5%~1%的为"良"，得80~90分；故障率在1%~1.5%的为"中"，得70~80分；故障率在1.5%以上的为"差"，得60~70分。

在单台设备运行中，如发生多次故障按照多次计算。

指标权重：0.6/0.3。

备注：硬件购置项目。

19. 运行服务 [产品购置类项目（硬件）]

指标公式：服务响应合格率=（1－不合格响应次数÷投运设备发生故障的总次数）×100%；

服务能力合格率=（解决故障次数÷投运设备发生故障的总次数）×100%；

服务质量合格率=（1－服务质量不合格项目数÷评价期内投运项目总数）×100%。

评分标准：根据服务响应、服务能力、服务质量评价，评价分为优、良、中、差四个等级。合格率在98%~100%的为"优"，得90~100

分；合格率在95%~98%的为"良"，得80~90分；合格率在90%~95%的为"中"，得70~80分；合格率在90%以下的为"差"，得60~70分。

不合格响应是投运设备发生故障时，供应商未按合同规定响应或响应不及时。解决故障是设备发生故障时，供应商做出响应并及时解决。服务质量的评价依据为供应商提供的服务是否符合合同规定的售后服务内容、服务范围、服务方式等相关条款的要求。

指标权重：0.4/0.3。

备注：硬件购置项目。

20. 信息安全事件（通用）

指标公式：MAX（100-五级事件次数×100-六级事件次数×50-七级事件次数×25-八级及其他事件次数×10，0）

评分标准：建转运前发生一次五级事件及以上扣100分；每发生一次六级事件扣50分；每发生一次七级事件扣25分；每发生一次八级及其他事件扣10分，扣完为止。

指标权重：0.3/0.1。

备注：该指标取值为建转运前信息系统或单位统计产生的等级事件数量。

21. 自主可控率（通用）

指标公式：（系统硬件国产化率×0.6+系统软件国产化率×0.4）÷3

评分标准：系统硬件国产化率＝系统部署国产硬件设备数量÷系统部署硬件设备总数量；

系统软件国产化率＝系统应用国产软件数量（数据库，中间件等）÷系统应用软件总数量。

指标权重：0.2/0.1。

备注：该指标取值为项目建设过程中所使用的所有软硬件设备。

22. 安全漏洞整改完成度（通用）

指标公式：MAX（100- 未完成整改高危和中危漏洞数量 ×100- 未完成整改低危漏洞数量 × 低危漏洞权重，0）

评分标准：项目质保期结束前该项目没有发现安全漏洞，本项得100分；该项目存在安全漏洞，按照评价公式计算得分，未完成整改高危漏洞和中危漏洞权重100；涉及对互联网开放的系统低危漏洞权重100；其他系统低危漏洞权重10。

指标权重：0.3/0.1。

备注：该指标取值为该项目质保期结束前网安中心通报的所有漏洞数量、整改时间、漏洞等级。

23. 业务数据保密（通用）

指标公式：MAX（100- 不符合公司保密相关规定和要求的事件数量 ×30，0）

评分标准：业务数据保密。

指标权重：0.2/0.1。

备注：不符合公司保密相关规定和要求的事件，每次扣30分，扣完为止。

24. 可研目标实现度（通用）

指标定义：基于可研评审时，预设的目标是否完成。

评分标准：预设目标全部完成得100分，未完成得0分；具有多个目标的，按未完成项比例扣分。

指标权重：1/0.1。

（十）营销类投资项目

营销类投资项目评价指标体系如图4-17所示。

第四章 电网投资项目评价指标体系

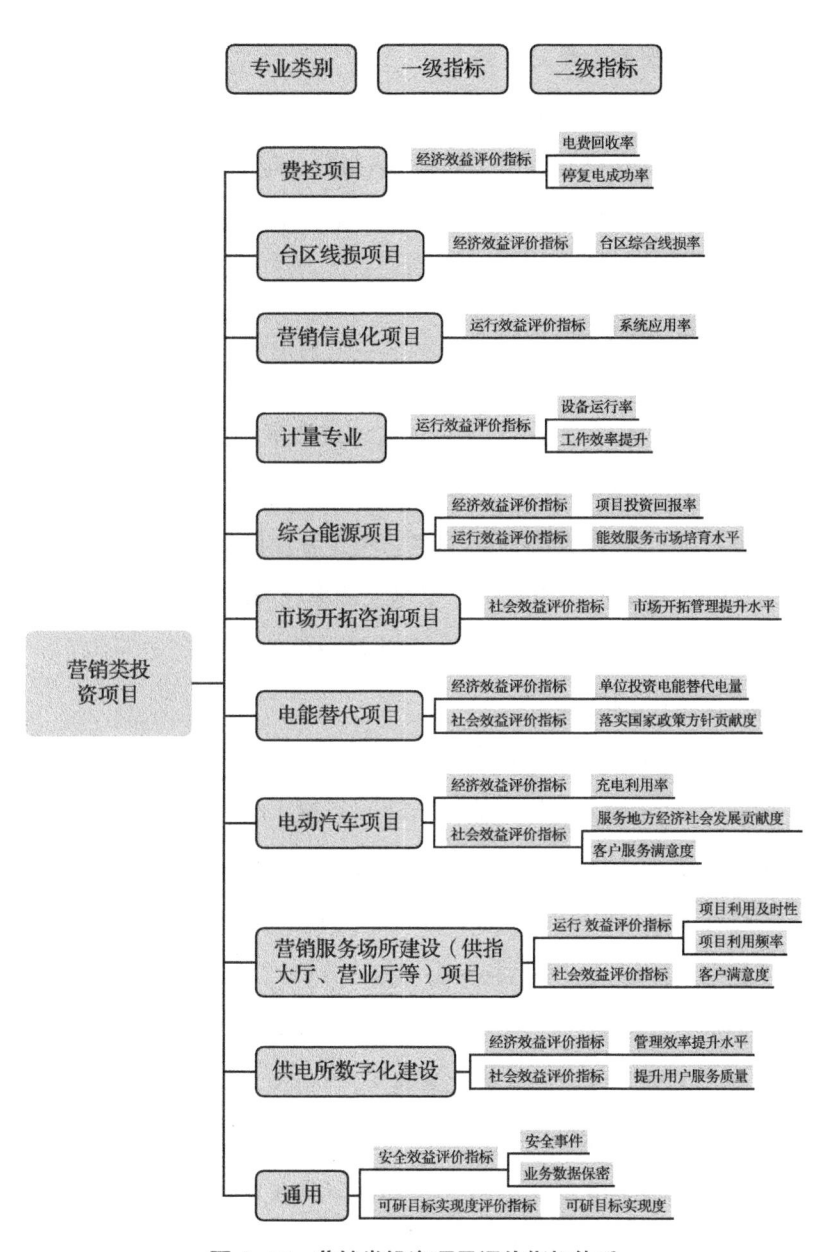

```
专业类别      一级指标         二级指标

费控项目 ── 经济效益评价指标 ─┬─ 电费回收率
                              └─ 停复电成功率

台区线损项目 ── 经济效益评价指标 ── 台区综合线损率

营销信息化项目 ── 运行效益评价指标 ── 系统应用率

计量专业 ── 运行效益评价指标 ─┬─ 设备运行率
                               └─ 工作效率提升

综合能源项目 ─┬─ 经济效益评价指标 ── 项目投资回报率
              └─ 运行效益评价指标 ── 能效服务市场培育水平

市场开拓咨询项目 ── 社会效益评价指标 ── 市场开拓管理提升水平

电能替代项目 ─┬─ 经济效益评价指标 ── 单位投资电能替代电量
              └─ 社会效益评价指标 ── 落实国家政策方针贡献度

电动汽车项目 ─┬─ 经济效益评价指标 ── 充电利用率
              └─ 社会效益评价指标 ─┬─ 服务地方经济社会发展贡献度
                                    └─ 客户服务满意度

营销服务场所建设（供指大厅、营业厅等）项目 ─┬─ 运行效益评价指标 ─┬─ 项目利用及时性
                                                                    └─ 项目利用频率
                                              └─ 社会效益评价指标 ── 客户满意度

供电所数字化建设 ─┬─ 经济效益评价指标 ── 管理效率提升水平
                  └─ 社会效益评价指标 ── 提升用户服务质量

通用 ─┬─ 安全效益评价指标 ─┬─ 安全事件
       │                    └─ 业务数据保密
       └─ 可研目标实现度评价指标 ── 可研目标实现度
```

图 4-17 营销类投资项目评价指标体系

103

1. 电费回收率（费控项目）

指标公式：统计期内（1- 欠费金额 ÷ 应收金额）×100%

评分标准：电费回收率100%，不扣分；电费回收率达到99.95%及以上，扣本项分值30%；电费回收率未达到99.95%，扣本项分值100%。

指标权重：0.6/0.8。

2. 停复电成功率（费控项目）

指标公式：统计项目投运后，停复电成功率＝统计期内（停复电成功户数 ÷ 执行停复电户数）×100%

评分标准：停复电成功率100%，不扣分；停复电成功率达到98%及以上，扣本项分值的10%；停复电成功率在90%~98%，扣本项分值的30%；停复电成功率低于90%，扣本项分值的100%。

指标权重：0.4/0.8。

3. 台区综合线损率（台区线损项目）

指标公式：（输入电量－输出电量）÷ 输入电量

备注：输入、输出电量数据来自采集系统、营销业务系统。

评分标准：台区综合线损率达到当年目标值，不扣分；台区综合线损率未达到目标值，按未达到的比例扣减分值。

指标权重：1/0.8。

4. 系统应用率（营销信息化项目）

指标公式：活跃登录评价＋工单发起评价＋基础支撑评价

评分标准：系统月度活跃登录达到200人·次及以上的得20分，低于的统一按比例折算（满分20分）；系统月均发起工单数达到100及以上的得20分，低于的统一按比例折算（满分20分）；为其他业务系统提供基础支撑的，本项得满分（满分20分）；因平台整合优化、宣贯培训、网络安全演习等特殊情况，上线后暂时无应用活跃度的，经专业管理部门认可后，可剔除考核。

指标权重：1/0.8。

5. 设备运行率（计量专业）

指标公式：在运设备 ÷ 投运设备。

评分标准：设备运行率达到90%及以上的，不扣分；设备运行率在80%~90%的，扣本项分值的10%；设备运行率在70%~80%的，扣本项分值的30%；设备运行率低于80%的，扣本项分值的100%。

指标权重：0.6/0.8。

6. 工作效率提升（计量专业）

指标定义：是否提升基层工作效率。

评分标准：结合项目类型，选取对应的评价维度评价。HPLC模块、终端和集中器更换项目，模块、采集终端和集中器运维工作量若增加则扣50%，未增加则不扣分；电能表更换类项目，改造范围内换表率和烧表率若增加则扣50%，未增加则不扣分；设备配置类项目，配置终端后，相关业务人员的工作效率若降低则扣分50%，未降低则不扣分。

指标权重：0.4/0.8。

7. 项目投资回报率（综合能源项目）

指标公式：投资收益 ÷ 项目投资总额

评分标准：根据财务规定目标，做线性计算。

指标权重：1/0.4。

8. 能效服务市场培育水平（综合能源项目）

指标定义：项目投运后，是否通过社会宣传引导节能减排、推动客户关注用能效率，或提升客户能效水平、降低客户用能成本。

评分标准：项目实施后，未开展宣传引导工作、未落实国网公司、省公司相关试点任务的，扣本项分值的80%；项目实施后，获得副市级及以上领导批示肯定的，增加本项分值的50%；通过项目示范，直接推动市场项目推广落地的，每成功推广1个，增加本项分值的20%。

指标权重：1/0.4。

9. 市场开拓管理提升水平（市场开拓咨询项目）

指标定义：评价项目投运后，是否切实提升公司能效管理效率水平。

评分标准：项目实施后，未能形成有效成果（如论文、专利、报告等），未能提升公司售电市场专业管理效率和效果的，扣本项分值的60%；项目实施后，对公司售电市场管理产生负面影响的，扣本项目分值的80%；项目实施后，获得副市级及以上领导批示肯定的，加本项分值的20%，获得国网公司奖项的，一、二、三等奖分别加本项分值的20%、15%、10%，获得省公司奖项的，加分标准减半。

指标权重：1/0.5。

10. 单位投资电能替代电量（电能替代项目）

指标公式：单位投资新增电能替代电量＝新增电能替代电量÷电能替代投资规模。

评分标准：对输出电量（Q_{down}）进行计算和评价。计算项目投运后从电网获得的电量即消耗的电量。

指标权重：1/0.3。

11. 落实国家政策方针贡献度（电能替代项目）

指标定义：评价项目投运后，是否切实响应国家的"碳达峰、碳中和"、节能减排、长江大保护、乡村振兴、绿色发展等政策方针。

评分标准：项目实施后，对落实国家政策方针或国网公司重点工作无贡献的，扣本项分值的100%；项目实施后，获得副市级及以上领导批示肯定的，增加本项分值的50%；通过项目示范，直接推动电能替代项目推广落地的，每成功推广1个，增加本项分值的20%。

指标权重：1/0.5。

12. 充电利用率（电动汽车项目）

指标定义：统计项目投运后单站运营收入；对承担社会责任的项目，本项不评价。

评分标准：充电利用率低于3%，扣本项分值的100%；充电利用率在3%~6%，扣本项分值的50%；充电利用率高于6%，增加本项分值的50%。

指标权重：1/0.3。

13. 服务地方经济社会发展贡献度（电动汽车项目）

指标定义：评价项目投运后，是否切实实施促进地方经济社会发展的举措。

评分标准：项目实施后，对地方规划及公司业务发展产生负面影响的，扣本项分值的80%；项目实施后，推动地方规划出台的，增加本项分值的20%；项目实施后，获得副市级及以上领导批示肯定的，增加本项分值的50%。

指标权重：0.5/0.5。

14. 客户服务满意度（电动汽车项目）

指标定义：评价项目投运后，是否提升客户服务水平。

评分标准：项目实施后，未提升客户服务水平的，客户服务满意度低于95%，扣本项分值的100%；项目实施后，引发客户投诉的，每一次属实投诉扣本项分值的35%，扣完为止。

指标权重：0.5/0.5。

15. 项目利用及时性［营销服务场所建设（供指大厅、营业厅等）项目）］

指标定义：评价项目投运至评价期间，项目利用水平。

评分标准：项目竣工验收后 60 天内投入使用，如人员入驻、设备启用、业务运转的得满分；项目竣工验收后 180 天内投入使用的，获得本项分值的 50%；项目竣工验收后超过 180 天未及时投入使用的，本项不得分；因特殊原因不能及时投运，经公司归口管理部门同意的，不予扣分。

指标权重：0.6/0.6。

16. 项目利用频率［营销服务场所建设（供指大厅、营业厅等）项目］

指标公式：项目投运后窗口业务办理人数增长率 + 移动终端业务办理增长率

评分标准：增长率之和大于 30% 的得 100 分，20%~25% 的得 90 分；25%~30% 的得 80 分；10%~15% 的得 60 分；10% 以下的不得分。

指标权重：0.4/0.6。

17. 客户满意度［营销服务场所建设（供指大厅、营业厅等）项目］

指标定义：统计项目投运后至评价期间，相关客户的投诉情况。

评分标准：项目投运后至评价期间，发生相关服务类投诉的，本项不得分。

指标权重：1。

18. 管理效率提升水平（供电所数字化建设）

指标定义：评价项目投运后，是否通过信息化手段、基础设施改造等措施为一线减负，供电所管理效率水平是否提升。

评分标准：

建设工单中心，网格化平台工单运用率达到80%的不扣分；网格化平台工单运用率每低10%，扣本项分值的10%。

开发指标、绩效数字看板，并得到全面推广的，不扣分；未开发指标、绩效数字看板的，扣本项分值的20%。

完成乡镇供电所培训室建设的，不扣分；未建设乡镇供电所培训室的，扣本项分值的20%。

乡镇供电所云终端覆盖率达到100%，不扣分；乡镇供电所云终端覆盖率每低10%，扣本项分值的10%。

指标权重：1/0.2。

19. 提升用户服务质量（供电所数字化建设）

指标定义：评价项目投运后，是否切实存在提升用户服务质量的举措，以及项目投运后至评价期内是否引发客户投诉。

评分标准：项目实施后，提升了客户服务水平，客户服务满意度达95%以上，且未发生投诉的，不扣分；项目实施后，提升了客户服务水平，客户服务满意度低于95%的，扣本项分值的100%；项目实施引发客户投诉，每一次投诉扣本项分值的35%，扣完为止。

指标权重：1/0.2。

20. 安全事件（通用）

指标定义：按照现场安全事件发生数量评价。

评分标准：项目实施后，未发生安全事件的，不扣分；项目实施后，发生一次及以上安全事件的，扣本项分值的100%。

指标权重：0.5/0.1。

21. 业务数据保密（通用）

指标公式：MAX（100-不符合公司保密相关规定和要求的事件数量×30，0）。

评分标准：不符合公司保密相关规定和要求的事件，每次扣 30 分，扣完为止。

指标权重：0.5/0.1。

22. 可研目标实现度（通用）

指标定义：基于可研评审时，预设的目标是否完成。

评分标准：预设目标全部完成得 100 分，未完成得 0 分；具有多个目标的，按未完成项比例扣分。

指标权重：1/0.1。

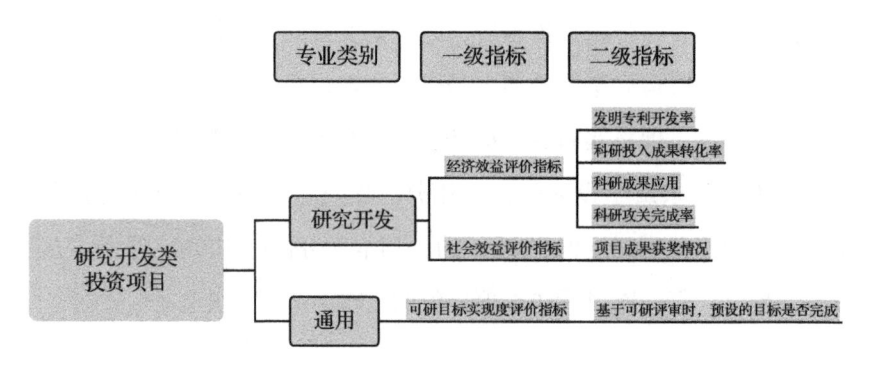

（十一）研究开发类投资项目

研究开发类投资项目评价指标体系如图 4-18 所示。

图 4-18 研究开发类投资项目评价指标体系

1. 发明专利开发率

指标公式：通过验收项目申请的发明专利数 ÷ 年度科技项目总经费（百万元）

评分标准：采用标杆瞄准法评分，0~100% 对应 0~100 分。

指标权重：0.25/0.6。

2. 科研投入成果转化率

指标公式：科技成果转化新增合同额 ÷ 研究开发投入

评分标准：采用标杆瞄准法评分，0~100% 对应 0~100 分。

指标权重：0.25/0.6。

3. 科研成果应用

指标定义：科研成果是否在专业领域内应用。

评分标准：采用标杆瞄准法评分，0~100% 对应 0~100 分。

指标权重：0.25/0.6。

4. 科技攻关完成率

指标公式：Σ（国家级科技项目验收通过数 ×3+ 公司级科技项目验收通过数量 ×1）÷ Σ（国家级科技项目年度计划验收项目数量 ×3+ 公司级科技项目年度计划验收项目数量 ×1）

评分标准：采用标杆瞄准法评分，0~100% 对应 0~100 分。

指标权重：0.25/0.6。

5. 项目成果获奖情况

指标定义：根据项目成果获奖情况评分，无具体计算公式。

评分标准：项目成果，获得国家级奖项，每项加 5 分；获得省部级奖项，每项加 3 分；获得地市级奖项，每项加 2 分。

指标权重：1/0.2。

6. 可研目标实现度基于可研评审时，预设的目标是否完成。

指标公式：实际完成可研目标个数 ÷ 预设可研目标个数 ×100%

评分标准：具有多个目标的，按未完成项比例扣分。全部完成 100 分；未完成 0 分；大于或等于 95%，得 100 分，每低 5%，扣 10 分。

指标权重：1/0.2。

(十二) 管理咨询类投资项目

管理咨询类投资项目评价指标体系如图 4-19 所示。

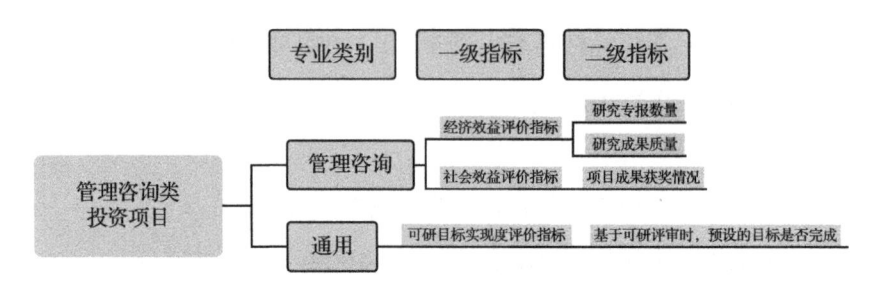

图 4-19 管理咨询类投资项目评价指标体系

1. 研究专报数量

指标公式：依托课题研究成果完成并报送公司领导的研究专报数量。

评分标准：采用标杆瞄准法评分，报送 1 个及以上得 100 分，没有得 0 分。

指标权重：0.5/0.6。

2. 研究成果质量

指标公式：研究成果质量的评价基于完成的研究咨询项目获奖情况以及形成的论文和专著情况。

评分标准：采用标杆瞄准法评分，形成论文和专著 1 个得 100 分，没有得 0 分。

指标权重：0.5/0.6。

3. 项目成果获奖情况

指标定义：根据项目成果获奖情况评分，无具体计算公式。

评分标准：项目成果，获得国家级奖项，每项加 5 分；获得省部级奖项，每项加 3 分。

指标权重：1/0.2。

4. 基于可研评审时，预设的目标是否完成

指标公式：实际完成可研目标 ÷ 预设可研目标个数 ×100%

评分标准：具有多个目标的，按未完成项比例扣分。全部完成得 100 分；未完成 0 分；大于或等于 95% 得 100 分，每降低 5%，扣 10 分。

指标权重：1/0.2。

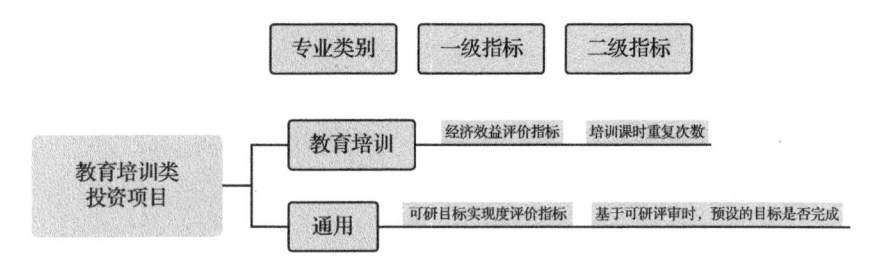

（十三）教育培训类投资项目

教育培训类投资项目评价指标体系如图 4-20 所示。

图 4-20　教育培训类投资项目评价指标体系

1. 培训课时重复次数

指标定义：单次培训内，多课时的重复次数。

评分标准：多课时的培训内容是否相同。

指标权重：0.05/0.8。

2. 可研目标实现度基于可研评审时，预设的目标是否完成

指标公式：实际完成可研目标个数 ÷ 预设可研目标个数 ×100%

评分标准：具有多个目标的，按未完成项比例扣分。全部完成得 100 分；未完成得 0 分；大于或等于 95% 得 100 分，每降低 5%，扣 10 分。

指标权重：1/0.2。

（十四）股权投资类投资项目

股权投资类投资项目评价指标体系如图 4-21 所示。

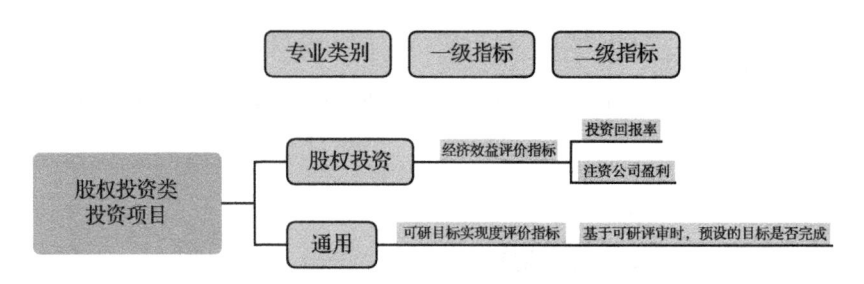

```
专业类别    一级指标    二级指标

股权投资类投资项目 ── 股权投资 ── 经济效益评价指标 ── 投资回报率
                                              注资公司盈利
                └── 通用 ── 可研目标实现度评价指标 ── 基于可研评审时，预设的目标是否完成
```

图 4-21 股权投资类投资项目评价指标体系

1. 投资回报率

指标公式：投资收益 ÷ 项目投资总额

评分标准：根据财务规定的目标，做线性计算。

指标权重：0.5/0.8。

2. 注资公司盈利

指标定义：根据注资公司盈利情况评价，无具体计算公式。

评分标准：注资公司盈利得 100 分，不盈利得 0 分。

指标权重：0.5/0.8。

3. 基于可研评审时，预设的目标是否完成

指标公式：实际完成可研目标个数 ÷ 预设可研目标个数 ×100%

评分标准：具有多个目标的，按未完成项比例扣分。全部完成得 100 分；未完成得 0 分；大于或等于 95% 得 100 分，每降低 5%，扣 10 分。

指标权重：1/0.2。

第五章

电网投资项目评价技术与理论方法

第一节 项目评价指标权重计量相关方法

一、层次分析法

1. 方法介绍

层次分析法（Analytic Hierarchy Process，AHP），因其结合定性和定量方法分析各种评价因素的特点以及系统、灵活、简洁的优点而受到广泛青睐。它能够为多目标、多准则或无结构特性的复杂决策问题提供简便的决策方法，尤其适用于对决策结果难以直接准确计量的场合。

2. 方法原理

层次分析法的原理步骤分为三步。首先，根据多目标决策问题的性质和总目标，将问题本身按层次分解，形成一个由下而上的递阶层次结构。最高层是解决问题的总目标，称为"目标层"；若干中间层是实现总目标所涉及的中间措施、准则，称为"准则层"；最底层为解决问题所选用的各种方案，称为"方案层"。其次，通过构建各层次的判断矩阵并进行层次排序及一致性检验。最后，得出各因素关于总指标的权重。

3. 方法应用

层次分析法主要用于计算各影响因素指标的权重，可应用于项目的可行性分析和后评价阶段。

二、德尔菲评价法

1. 方法介绍

德尔菲法评价法,也称"专家评价法",是通过匿名方式收集有关专家的意见,并对这些意见进行统计、处理、分析和归纳,客观地综合众多专家的经验与主观判断,对许多难以采用技术方法进行定量分析的因素做出合理估算,经过多轮意见征询、反馈和调整后,对债权价值和价值可实现程度进行分析的方法。它是在定量和定性分析的基础上,采用打分等方式进行定量评价,结果具备数理统计特性。

德尔菲评价法具有使用简单、直观性强的特点,但在理论性和系统性方面还存在不足,有时难以确保评价结果的客观性和准确性,通常适用于存在诸多不确定因素、采用其他方法难以进行定量分析的情况。

2. 方法原理

德尔菲评价法的原理步骤如下所述。首先,根据评价对象的具体情况选定评价指标,并为每个指标设定评价等级,每个等级的标准用分值表示;其次,以此为基准,专家对评价对象进行分析和评价,确定各个指标的分值,并通过加法评分法、乘法评分法或加乘评分法计算出一个评价对象的总分值;最终,得到评价结果。

3. 方法应用

德尔菲评价法主要用于计算各影响因素指标的权重,可应用于项目的可行性分析和后评价阶段。

三、熵权法

1. 方法介绍

熵权法是一种定量地根据同一指标观测值之间的差异程度来反映其

重要程度的客观赋权法，根据熵的性质建立多目标决策评价模型，计算出各个指标的权重，为多指标综合评价提供依据。熵权法的基本思路是根据指标离散程度来确定客观权重。对于某项指标，可以通过熵值来判断其离散程度，信息熵值越低，指标的离散程度越高，该指标对综合评价的影响（即权重）就越大，如果某项指标的值全部相等，则该指标在综合评价中无作用。

2. 方法原理

熵权法的主要原理步骤：数据标准化处理；计算特征权重；计算指标熵值；得出指标权重。

3. 方法应用

熵权法主要用于计算各影响因素指标的权重，可应用于项目的可行性分析和后评价阶段。

第二节　项目发展环境评价分析相关方法

一、PEST 分析法

1. 方法介绍

PEST 分析是对宏观环境的分析，宏观环境也称"一般环境"，包含影响行业和企业的所有因素。对宏观环境因素分析的具体内容会因行业和企业的特点和需求而有所差异，但通常均包括政治（Politics）、经济（Economy）、社会（Society）和技术（Technology）分析四个方面，因此称为 PEST 分析法。

由于 PEST 分析法仅考虑宏观环境因素，因此存在一定的局限性，通常需要与 SWOT 方法等综合分析法结合使用。目前，PEST 分析法适用于企业战略规划、市场规划、企业经营发展、行业研究与发展规划、项目可行性分析等方面。

2. 方法原理

PEST 分析法的原理步骤：查找、调研和分析政治、经济、社会和技术四个方面中影响企业和行业的重要因素，然后根据这些环境因素制定或调整企业战略。

3. 方法应用

PEST 分析法主要应用于项目可行性研究和外部环境分析阶段。PEST 分析法可以从变动的因素中探求可能的发展潜能，从而对项目的发展前景进行全面把握，并制定相应对策。

二、SWOT 分析法

1. 方法介绍

SWOT 分析法即态势分析法，肯尼斯·里士满·安德鲁斯（Kenneth Richmond Andrews）被认为是 SWOT 分析的创始人之一，其于 20 世纪 50 年代后期用该方法分析组织的外部环境和内部实力。这是一种能够较为客观准确地分析企业现实内外部环境态势的方法。

2. 方法原理

SWOT 分析法的原理步骤：首先通过调查，识别与研究对象密切相关的优势、劣势、机会、威胁等；其次运用系统分析的方法，将各种因素进行匹配并分析；最后从中得出一系列相应的结论。

3. 方法应用

SWOT 分析法主要应用于项目的可行性研究和环境分析阶段。运用 SWOT 分析法，可以分析评价影响项目可持续发展的各种内外部因素，对项目所处的情景进行全面、系统、准确的研究，从而为企业制订后续的计划和对策提供依据等。

第三节 项目后评价相关方法

一、逻辑框架法

1. 方法介绍

逻辑框架法，全称为"逻辑框架结构矩阵"，由美国国际开发署（United States Agency for International Development，USAID）于1970年提出。这是一种用于项目设计、规划、实施、评价等工作的工具，其核心是揭示项目综合评价结果、项目实施过程、运营过程之间的因果关系，以及因素之间关系的逻辑，是开展项目综合后评价的常用方法。

2. 方法原理

逻辑框架法的原理步骤：首先对需要解决的核心问题进行因果关系的分析推演；其次将其中的因果关系转化为相应的目标体系；再次将其转化为矩阵表；最后针对这张矩阵表对项目展开分析与评价。逻辑框架法的矩阵表通常分为四个层次：目标层、目的层、产出层和投入层，如表5-1所示。

表5-1 逻辑框架法的矩阵表

项目结构	假设条件	验证的目标
目标层	目标与目的之间的条件	达到目标的测定
目的层	产出与目的之间的条件	项目的最终状况
产出层	投入与产出之间的条件	计划产出、完工期的具体范围
投入层	项目的原始条件	投资、成本指标、投入时间、工期

项目竣工后，通过对比项目原定指标与实际实现情况，评价项目竣工效果，即从项目投入活动、产出建设、直接目的和宏观影响四个方面进行对比分析，评价项目是否达到了原定目标，并对项目的整体实施效果进行分析，分析结果将为未来类似项目的投资建设提供经验。

3. 方法应用

逻辑框架法主要应用于项目的后评价阶段。

二、对比法

1. 方法介绍

对比法是对比分析项目前期评估的预测结论与项目实际运行结果的变化和差距而总结评价的方法。项目后评价的对比法包括前后对比法、有无对比法和横向对比法等。

2. 方法原理

对比法的原理步骤主要分为指标测算、指标对比和成效分析三步。根据后评价调查得到的项目实际情况，对照项目立项时所确定的宏观目标、微观目标及各项指标，找出偏差和变化，并分析原因，得出结论和经验教训。其中，测算对比的具体内容随所选用对比法的类型而有所不同。前后对比法是比较项目实施前后的相关指标，用以直接估量项目实施的相对成效；有无对比法是在项目周期内对比"有项目"（实施项目）相关指标的实际值与"无项目"（不实施项目）相关指标的预测值，用以度量项目真实的效益、作用及影响；横向对比法是在同一行业内对比同类项目相关指标，用以评价项目的绩效或竞争力。

3. 方法应用

对比法主要应用于项目的后评价阶段。

三、成功度评价法

1. 方法介绍

成功度评价法是依赖于评价专家或专家组的经验，综合后评价中各项指标的评价结果，对以项目目标和效益为核心的项目成功度做出综合定性结论的评价方法，是一种典型的目标导向评价方法。

2. 方法原理

成功度评价法的主要原理步骤：首先根据项目目标的实现程度和经济效果评价结果，将项目的成功度分为完全成功、成功、部分成功、不成功和失败五个等级；其次根据专家经验确定合理的评价维度和指标；最后根据项目成功度等级标准表，由专家组对各评价标准评分，将各单项指标对于项目的相关重要性与各自的成功度等级分综合，即可得到各单项指标的成功度结论。项目各单项指标成功度结论的综合，就是项目的总成功度结论。

3. 方法应用

成功度评价法主要应用于项目的后评价阶段。

第四节 项目效益及综合评价分析相关方法

一、全寿命周期成本法

1. 方法介绍

全寿命周期成本法是一种在产品整个寿命周期内针对经济成本的项目量化分析方法。其中，全寿命周期包括产品系统各连续且相互关联的所有阶段，通常自原材料获取或自然资源转化为产品开始，直至产品最终处理结束。通常用于项目投资建设、生产运维、故障处理、报废等环节的综合比较研究。

2. 方法原理

全寿命周期成本法的主要原理步骤：首先计算项目技术方案的初始投入成本、运维成本、检修成本、故障成本、退运处置成本等；其次比较项目实施前后的各项指标；最后对项目的实施成果进行预估和评价。

3. 方法应用

全寿命周期成本法主要应用于项目的可行性研究和后评价阶段。

二、模糊综合评价法

1. 方法介绍

模糊综合评价法是基于模糊数学的基本原理开发出来的一种评价方法，可对项目进行分级定性评估，并提供关于综合成效的定性评价。它根据模糊数学的隶属度理论，运用定性和定量相结合的方法，遵循最大隶属度原则解决各种不确定性问题。模糊综合评价法具有多方面性、多层次性、模糊性和同一层次各因素的不同重要性的特点，由模糊数学与层次分析法相结合而产生的模糊综合评判原理应用于综合后评价，可以通过定量分析辅助和补充定性分析。

2. 方法原理

模糊综合评价法的具体内容和步骤：确立评价因素（指标）集；构建评价档次集；确定权重集；建立评判矩阵；综合评价与归一化处理。其主要思路：首先评价者从影响问题的主要因素出发，参考相关数据和资料，按照他们的判断对复杂问题分别做出"大、中、小、无"，或者"高、中、低"，或者"优、良、可、劣"，或者"好、较好、一般、较差、差"等程度的模糊评价；其次采用模糊数学提供的方法进行运算；最后得出定量的综合评价结果。

3. 方法应用

模糊综合评价法主要应用于项目的可行性研究和后评价阶段。

第五节　项目的指标数理统计分析方法

一、数据包络分析法

1. 方法介绍

数据包络分析法（简称"DEA 方法"）是通过线性规划模型来比较决策单元投入与产出实际观测值之间的相对效率，对决策单元做出评价的确定性生产前沿方法。其适用于评价具有多个输入和输出的决策单元之间的相对有效性，可通过对一个特定单位的效率和一组提供相同服务的类似单位的绩效进行比较，可以使服务单位的效率最大化。

2. 方法原理

数据包络分析法的主要原理步骤：首先选择决策单元；其次建立输入/输出指标体系；再次选择 DEA 模型，计算得到效率相对指标；最后得出项目评价。DEA 模型有多种类型，其中模型和超效率模型应用较为广泛。

3. 方法应用

数据包络分析法主要应用于项目的后评价阶段。

二、TOPSIS 评价法

1. 方法介绍

TOPSIS 评价法是一种多属性决策方法，通过计算各评价对象的指标向量与正理想解和负理想解之间的相对距离来确定被评价对象的综合评价值。TOPSIS 评价法对数据分布及样本量、指标数量没有严格限制，对原始数据的利用比较充分，信息损失较小，是一种有效的多指标、多目标决策分析法。

2. 方法原理

TOPSIS 评价法的主要原理步骤：目标同向化；构建规范化矩阵；构建赋权矩阵；确定正理想解和负理想解；计算各候选方案到正理想解和负理想解的距离；计算各候选方案与理想解的接近程度；按与理想解的接近程度排序候选方案；评价候选方案。

3. 方法应用

TOPSIS 评价法主要应用于项目的后评价阶段，对比评价多项目的成效。

三、物元可拓评价法

1. 方法介绍

物元可拓评价法是利用物元可拓模型，基于物元理论、可拓集合、关联函数及关联度对各个指标进行定量评价，并系统地反映综合评价结果的一种方法。

2. 方法原理

运用物元可拓模型对电网建设项目进行综合评价的流程如图 5-1 所示。

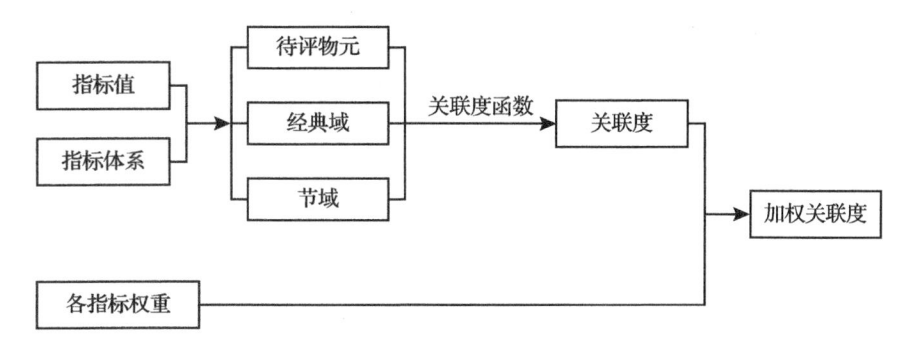

图 5-1 物元可拓模型对电网建设项目的评价流程

物元可拓评价法的主要原理步骤：首先构建电网建设项目的相关指标体系，确定待评物元、经典域和节域；其次通过关联度函数转化计算出关联度，并将其与熵值法指标权重相结合，得到加权关联度；最后根据最大关联度准则确定项目的优劣等级，并进行综合评价。

3. 方法应用

物元可拓评价法主要应用于项目规划、实施和后评价阶段。

第六节 现有评价方法应用总结

目前，电网项目投入产出效益的评价方法种类繁多，但在实际应用中仍存在普适性不足、维度单一和执行效率低等问题。

例如：电网投资项目种类繁多，目标和价值各不相同，而现有的评价方法大多局限在某一个专项，无法全面覆盖电网投资的所有领域，普适性不足；现有投入产出效益评价主要是从单位或区域、所属专项、具体项目三个维度进行分析，但目前的评价工作仅在一个维度上建立了评价指标或评价标准，还未能形成一整套可以在"点—线—面"上进行项目立体评价的体系；在实际工作过程中，对于项目投入产出的评价，还处于以工作小组或专家小组等形式为主的阶段，其对应产生的评价模型或者评价方法尚未或无法转化为数字化工具或平台，导致投入产出效益评价的执行效率比较低、工作成效不明显。

第六章

电网投资项目数智化评价机制设计

第一节 电网投资项目数智化评价原则

一、电网投资项目数智化评价总体指引

国际卓越项目管理模型的评估指标涵盖三个领域,即人员和目标、过程和资源、项目成果,三者存在因果关系,是相辅相成的三个方面,如图6-1所示。其中,人员和目标是优秀项目的基础,项目需要优秀的领导来正确引导和支持,并且所有人都要对项目成功有着共同的愿景;过程和资源领域侧重于对项目成功做出贡献的过程管理,以及实现这些过程所需的资源;项目成果和影响的领域由收集客户、团队和其他利益相关者对项目的意见组成,并以他们的满意程度作为指标。要实现卓越项目管理,需要具备四大要素:目标、愿景、核心竞争力和价值。

参照卓越项目管理模型,在具体项目评价指标分析维度,将电网投资项目数智化评价维度划分为过程评价和效益评价,其中,过程评价主要从项目过程维度评价,效益评价主要从项目结果维度评价。同时,针对电网项目投入效益分析的思路,通过资产价值中介,从目标、经济、安全、运行、社会等维度进行效益分析;针对电网项目过程分析,从及时性、规范性、投资偏差量进行过程分析。

图 6-1　卓越项目管理模型评估指标的三个领域

二、电网投资项目数智化评价具体原则

（一）项目全覆盖，资产全关联

实现电网项目全覆盖，包括电网基建、小型基建、零星购置、生产技改、生产大修、电力营销、教育培训、电网数字化等 13 个专项，识别每一类专项项目建设完成后形成的资产、细化每一类专项项目的类别、实现所有专项与资产的关联匹配，如针对变电资产，可以进一步细分为 500 千伏，220 千伏、110 千伏、35 千伏等主变。

对于电网基建、生产技改等专项，可以通过变电资产和线路资产进行价值流分析；对于小型基建，可以通过建筑房屋资产进行价值流分析；对于电网数字化，可以通过软硬件资产和数据资产进行价值流分析。

（二）定量定性相结合，静态动态相关联

影响项目评价的指标多种多样，其中有些因素可以通过定量计算确

定，有些因素则需要根据经验或个人感受定性评判。因此，在构建指标体系时，应坚持定量计算和定性分析相结合的方法，尽可能全面地反映项目的情况。进行定性分析时，必须以事实分析为依据，避免过多的主观评价和判断，确保评价结论能客观、公正地反映投资项目的实际情况；再进行定量分析时，需要将问题与现象量化，然后进行分析、考验和解释，必须以实际数据为基础，运用概率论、社会统计等方法计量。

项目评价是一个动态过程。计算项目指标评分时，既要考虑指标在评价期内的绝对效果（静态效果），又要充分体现指标在一定历史时期内的动态变化趋势（动态效果）。因此，在制定评价规则时，需要结合动态和静态的方法，基本思路是将指标评分分为静态得分和动态得分两部分，并引入静态权重（S）和动态权重（D）：

指标评分 =S× 静态得分 +D× 动态得分

（三）评价方法因需而变，评价规则随景而动

应用评价方法和规则时，不应局限于某一种方法或模型，而应根据具体场景和需求灵活调整。电网每售出 1 千瓦·时电量的利润来自从电厂购电，各电压等级电网输电以及向用户售电等整体电网，而不仅仅是某个新建输变电工程带来的效益，同时，识别和计算电网工程的效益是相当复杂的。因此，对于电网输变电工程，应采用"有无比较法"进行经济评价。实用、方便可行的"有无比较法"采用差额净现值法和差额内部收益率法，计算新建与不建输变电工程相对应的增量效益和增量费用，并以增量指标作为判断项目财务可行性和经济合理性的主要依据，进行经济效益评价分析。对于无法开展货币价值核算的专项，可以采用"成功度评价方法"，根据项目目标的实现程度进行项目评价分析。

第二节　电网投资项目数智化评价体系设计

一、电网投资项目数智化评价核心要素

电网投资项目数智化评价是针对纳入全面综合计划中进行管理的所有新建或改造的资本性投资和成本性投入项目，通过不同维度的划分，基于定量定性的分析，并采用计分制进行全面评价，具体内容如下所述。

（一）电网投资项目数智化评价对象

电网投资项目数智化的评价对象是纳入全面综合计划管理的所有新建或改造的资本性投资和成本性投入项目，即公司 A 计划 13 类专项计划项目和 B 计划 13 类成本性投入项目。

（二）电网投资项目数智化评价维度

电网投资项目数智化的评价维度包括单体项目评价和整体项目评价。其中，单体项目评价是以单个投资项目为评价对象，从过程和效益两个维度开展的评价；整体项目评价是以一个专项计划或一个单位为对象，分为专项计划评价和单位整体项目评价体系，同样从过程和效益两个维度开展评价，并形成整体评价结果。专项计划是纳入全面综合计划管理的 13 个 A 计划和 13 个 B 计划；单位包含省、市、县三级主体。

（三）电网投资项目数智化评价方法

电网投资项目数智化评价方法是定性定量相结合，采用计分制，实行百分制。根据不同项目的评价需求，灵活运用对比分析法、成功度评价法、逻辑框架法和综合多层次评价法。

1. 单体项目评价

根据过程评价和效益评价的结果分别评分，并分别按 50% 和 70%

加权计分。其中，过程评价根据及时性、合规性、投资偏差率进行加权计分；效益评价根据经济效益、安全效益、社会责任效益等评价指标进行加权计分，具体评价标准另行下达。

单体项目过程评价得分＝及时性分值 $×i_1$＋合规性分值 $×i_2$＋投资偏差率 $×i_3$

单体项目效益评价得分＝经济效益 $×i_1$＋安全效益 $×i_2$＋社会责任效益 $×i_3$

式中：i 为指标权重，$i_1+i_2+i_3=100\%$。

2. 整体项目评价

整体项目评价包括专项计划整体项目评价和单位整体项目评价。

（1）专项计划整体项目评价

专项计划整体项目评价，按照过程评价和效益评价分别评价。

专项计划整体项目过程评价得分＝及时性分值 $×i_1$＋合规性分值 $×i_2$＋投资偏差率 $×i_3$

专项计划整体项目效益评价得分＝经济效益 $×i_1$＋安全效益 $×i_2$＋社会责任效益 $×i_3$

式中：i 为指标权重，$i_1+i_2+i_3=100\%$；及时性、合规性分值、投资偏差率为纳入该专项评价项目的平均值。

（2）单位整体项目评价

单位整体项目评价，按照过程评价和效益评价分别评价。

单位整体项目过程评价得分＝专项计划整体项目过程评价得分 × 专项计划权重系数

单体整体项目效益评价得分＝经济效益 $×i_1$＋安全效益 $×i_2$＋社会责任效益 $×i_3$

式中：i 为指标权重，$i_1+i_2+i_3=100\%$。

(四)电网投资项目数智化评价范围

电网投资项目数智化的评价实行全量评价，针对项目单体评价，在其项目投产后的次月完成过程评价，并在投产满一定时限后的 1 个月内完成效益评价；针对整体项目评价，按年度开展，对上一年度已达到规定投产年限的单体项目，按专业进行整体评价。

二、电网投资项目数智化评价机制

根据前述设计原则和内容介绍，基于资产价值流的研究方法，围绕"一个目标（促进电网高质量发展）"，构建了实现"2021X"模式设计的电网投资项目数智化评价机制体系架构，其架构如图 6-2 所示。

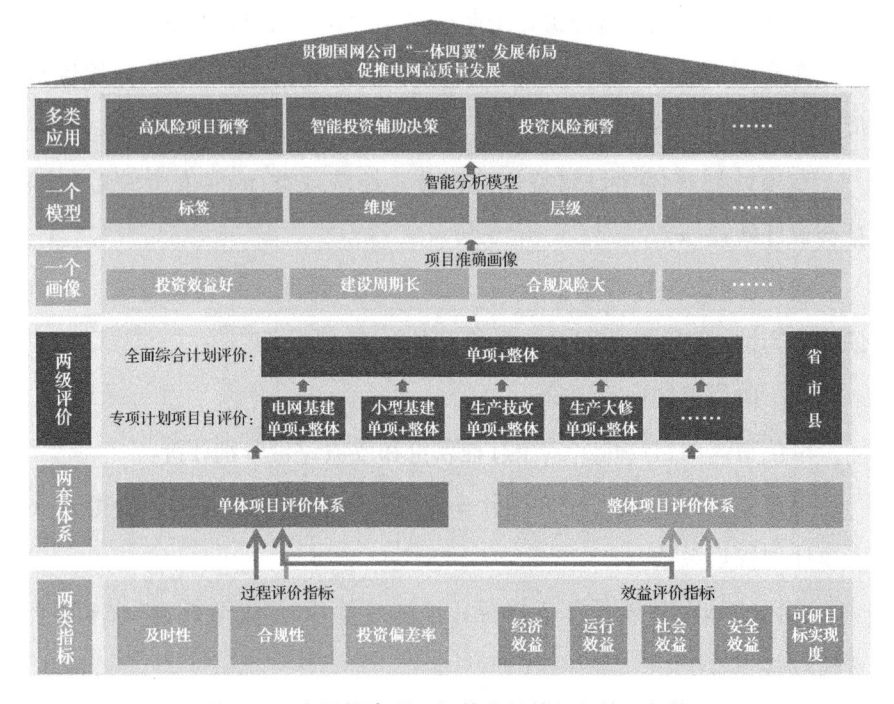

图 6-2　电网投资项目智能化评价机制体系架构

其中,"2021X"分别代表两类指标、两套体系、两级评价、一个画像、多类应用。

两类指标：项目过程评价指标和效益评价指标,过程评价指标侧重项目过程的评价；效益评价指标侧重项目结果的评价。

两套体系：针对单体项目的评价体系和整体项目的评价体系。

两级评价：专项计划项目自评价和全面综合计划评价,专项自评价和全面综合评价均采用"单项与整体"相结合的方式,但允许专项自评价和全面综合计划评价在评价指标上存在差异。

一个画像：一个画像分析中心,综合过程评价和效益评价分析,从单体和整体视角进行画像分析,发现经济效益好的项目专项或区域,形成画像中心,从而快速了解单体项目或项目整体情况。

多类应用：在项目评价基础建设之上,可拓展多类应用,如下所述。

①项目风险预警应用：根据项目日常运营指标的监控,制定不同专项项目的预警规则,进行项目预警,并针对不同预警等级的项目进行重点跟踪,以实现项目预警处理,规范项目管理。

②项目可研效益评审应用：将评价指标结构化嵌入可研方案,根据评价体系框架开发经济性评审工具,为项目可研经济性评审提供工具支撑,确保可研环节项目评价的准确性。

③投资决策辅助支撑应用：根据项目评价结果,进行分区域和专业投资决策分析,模拟边际投资效益,以实现资源的优化配置,提高投资的精准度。

第三节 电网投资项目数智化评价管理

一、电网投资项目数智化评价管理原则

一是坚持统一管理与分工负责的原则。公司发展部归口管理，各专业分工负责，开展项目评价。

二是坚持资源共享与公平公正的原则。统一评价标准，依托项目中台，确保数据实时自动获取，以保证评价结果公平公正。

三是坚持结果导向与激励约束并重的原则。强化评价结果在投资决策中的辅助作用，充分应用评价结果，严格执行考核兑现。

二、电网投资项目数智化评价管理核心模块

（一）电网投资项目数智化评价管理流程

电网投资项目数智化评价管理由公司统一评价，按月度定期开展单体项目评价并发布通报，按年度开展整体项目评价，由发展部组织，经研院（所）支撑，各专业和各单位参与，开展项目统一评价；各级专业部门负责开展专项计划项目自评价。

月度评价：省经研院依托项目中台按月定期开展单体项目评价，编制月度通报并列出问题清单；公司发展部组织审核公司项目评价月度通报并发布；在项目评价问题清单和评价报告环节，设置异议问题集中复核环节，各专业和各单位对存在异议的问题进行反馈。复核确认误判后，经过审批程序，不予扣分或从问题清单中移除；各单位发展部和经研所按月常态化开展评价工作，遵循"放管服"原则，对自行管理的项目进行评价。

年度评价：公司发展部每年 1 月启动上一年度整体项目评价工作，明确年度项目评价里程碑计划和项目评价清单；省经研院根据项目评价里程碑计划，按要求开展项目统一评价，并在 4 月编制完成整体评价报告；各单位按要求，由项目评价归口管理部门组织本单位各专业部门开展自评价，并在 4 月完成单位年度自评价报告，经本单位党委审核后，提交给公司发展部；公司各专业部门结合发展部的总体要求，同步组织开展本专业项目自评价，4 月完成专业自评价报告，经分管领导审核后，提交至公司发展部；5 月公司发展部出具年度评价报告，并履行公司决策审批程序后予以发布，辅助支撑公司投资决策，并应用于年度企业负责人业绩考核以及下一年度投资计划的制订。

具体各个专项项目效益评价时间如表 6-1 所示。

表 6-1 项目效益评价时间

序号	专项名称		评价时限	备注
1	电网基建	110 千伏及以上	3 年	
		35 千伏及以下	1 年	
		独立二次	1 年	
2	电网小型基建		3 年	
3	生产技改		0.5~1 年	
4	生产辅助技改		0.5~1 年	
5	零星购置		0.5~1 年	
6	生产大修		0.5~1 年	
7	生产辅助大修		0.5~1 年	
8	电力营销投入		0.5~1 年	
9	电网信息化		0.5~1 年	
10	研究开发		0.5~1 年	
11	管理咨询		0.5~1 年	

续表

序号	专项名称	评价时限	备注
12	教育培训	0.5~1 年	
13	股权投资	3 年	

（二）电网投资项目数智化评价库管理

电网投资项目数智化评价库指符合项目评价范围和时间要求的项目集合。项目评价库按类别分为过程评价库和效益评价库。

过程评价库是公司 ERP 系统中完成项目关闭的项目集合，并由项目中台自动评价形成过程评价结果。

效益评价库是符合效益评价范围和时限要求的项目集合，这些项目原则上均来自过程评价库。

（三）电网投资项目数智化评价专家管理

评价专家由系统内专业技术人员组成，他们是支撑项目评价工作的关键人才，主要负责评价指标体系建设、项目抽样现场核查、专题评价等工作。其管理遵循公司统一规定，并按照《国网××省电力有限公司可研评审专家库管理办法》执行。

三、电网投资项目数智化评价考核管理

（一）电网投资项目数智化评价考核原则

公司发展部按月发布项目评价结果，按季度进行预警并纳入季度发展专业工作评价；按年度考核，项目评价结果将纳入企业负责人年度考核，具体考核标准在《年度企业负责人关键业绩考核评价标准》中有明确说明。

实施责任追究机制，对于在项目评价中发现的严重违法、违规问

题,将根据相关规定移交公司纪委、监察等相关部门进行处理。

(二)电网投资项目数智化考核结果应用

项目评价结果用于指导公司对各单位重大项目投资决策的支撑,并与各单位投资规模相关联。每年项目评价工作完成后,由公司发展部牵头,各专业部门协同,经研院(所)支撑,全面总结经验、教训,并编制典型案例集和重点问题清单。

切实发挥评价的指导作用,各专业、各单位积极利用评价结果,指导投资决策,并进一步完善项目管理制度,规范项目管理,提升投资效益效率和项目管理水平。

第七章

电网投资项目数智化评价支撑中台设计

第一节 电网投资项目数智化评价支撑中台方案设计

一、电网投资项目数智化评价支撑中台架构设计

电网投资项目数智化中台评价建设目标是专注于打造"一流管理"，即：实现项目中台单轨制运行、数据全贯通、服务全应用，投资管理五库全链条运转及项目评价考核全覆盖；建立高效运转的省、市、县三级项目投资管理中心；打破专业壁垒，建立各专业统筹协同的项目投资管理新机制，全面实现项目投资管理数字化转型，全面支撑公司和电网的高质量发展，电网投资项目数智化中台评价整体架构如图7-1所示。

其中，对于中心方面，主要是完成省、市、县三级项目投资管理中心组建，并建立项目投资管理全过程管控机制。而中台方面，主要是完成专业系统中台化改造、数据治理和项目中台服务贯通，完成规划执行、项目主人制等"五库全链条"项目管理和评价画像功能开发。

（一）电网投资项目数智化中台评价项目对象

中台评价项目对象包括纳入全面综合计划中管理的所有建设或改造的资本性投资和成本性投入项目，根据评价维度分为单体项目评价和整体项目评价。单体项目评价是以单个投资项目作为评价单元，而整体项目评价是以二级单位的一个专项计划作为评价单元。

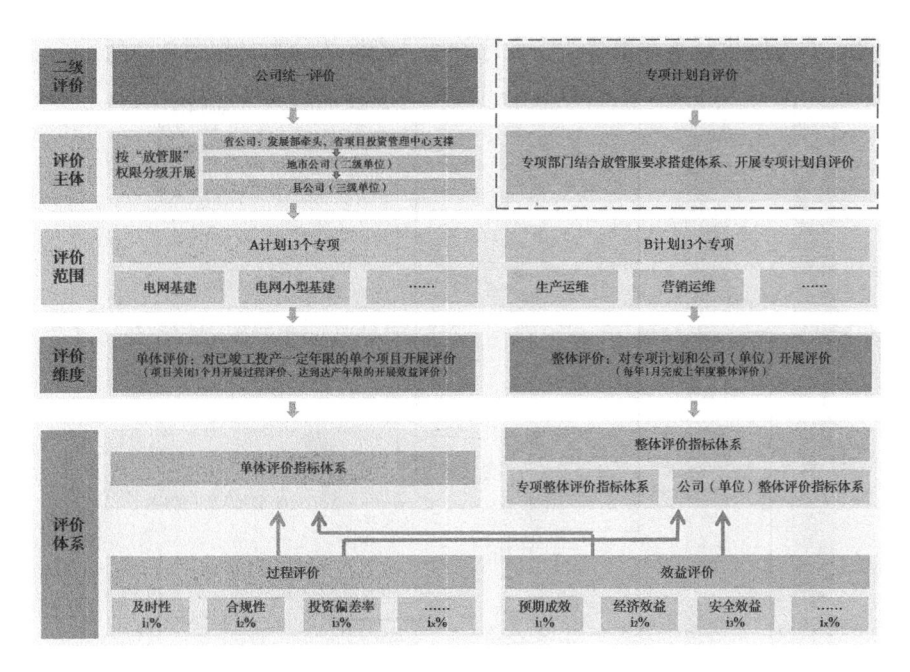

图 7-1　电网投资项目数智化中台评价整体架构

（二）电网投资项目数智化中台评价项目标准

项目评价体系包括单体项目评价指标体系和整体项目评价指标体系，这些体系均由过程评价和效益评价两类评价指标构成，但评价指标和设定的角度存在差异。效益评价是对项目投（达）产成效等进行系统评价，涵盖安全效益、经济效益、社会责任效益、运行效益等方面，单体项目评价指标还应考虑预期目标实现度；过程评价是基于项目中台对项目前期和执行过程等进行的评价，涉及及时性、合规性、投资偏差率等方面。

二、电网投资项目数智化评价支撑中台核心指标设计

根据资金投入的项目属性，发展投入分为资本性投入和成本性投入，资本性投入进一步细分为固定资产投资和股权投资，具体专项分类如图 7-2 所示，其中，发展总投入是资本性投入和成本性投入之和。基于

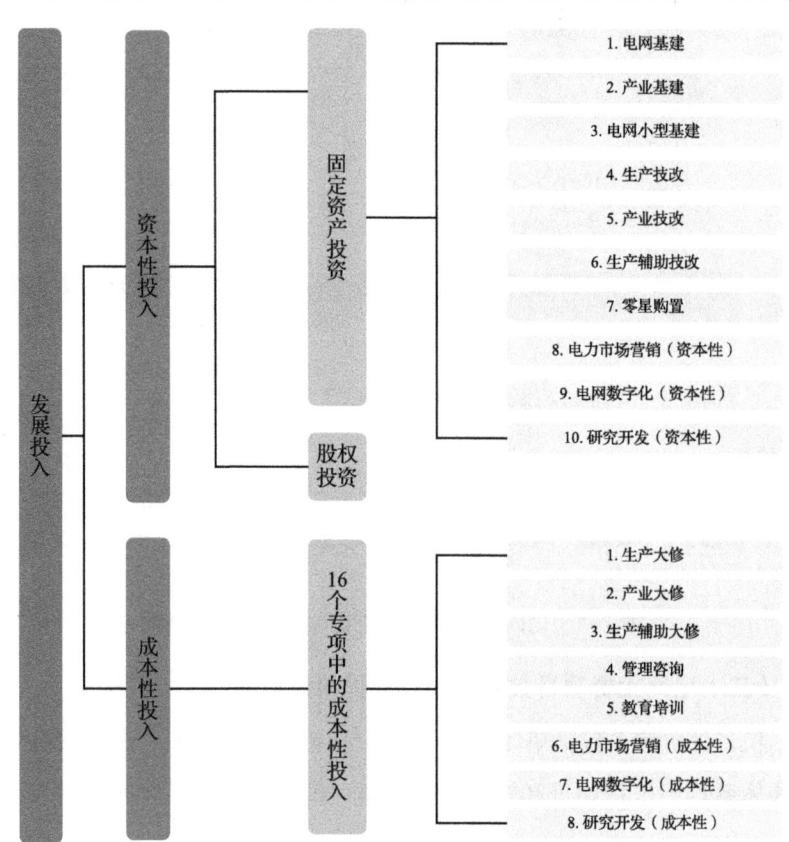

此，对电网投资项目数智化中台评价项目指标的分类，如图7-2所示。

```
发展投入
├── 资本性投入
│   ├── 固定资产投资
│   │   ├── 1. 电网基建
│   │   ├── 2. 产业基建
│   │   ├── 3. 电网小型基建
│   │   ├── 4. 生产技改
│   │   ├── 5. 产业技改
│   │   ├── 6. 生产辅助技改
│   │   ├── 7. 零星购置
│   │   ├── 8. 电力市场营销（资本性）
│   │   ├── 9. 电网数字化（资本性）
│   │   └── 10. 研究开发（资本性）
│   └── 股权投资
└── 成本性投入
    └── 16个专项中的成本性投入
        ├── 1. 生产大修
        ├── 2. 产业大修
        ├── 3. 生产辅助大修
        ├── 4. 管理咨询
        ├── 5. 教育培训
        ├── 6. 电力市场营销（成本性）
        ├── 7. 电网数字化（成本性）
        └── 8. 研究开发（成本性）
```

图7-2 电网投资项目数智化中台评价项目指标分类

（一）电网投资项目数智化中台评价项目过程指标

根据及时性、规范性、投资偏差率三个维度构建了22个指标：及时性根据项目计划、实施、结算和归档四个阶段，构建需求审核通过及时性、储备入库及时性、ERP建项及时性等11个指标；规范性按照项目计划和实施两个阶段，构建ERP建项合规性、可研评审合规性、可研批复合规性等8个指标；投资偏差率根据规划、概算和结算三个阶段，构建规划偏差率、概算偏差量和结算偏差量3个指标。具体指标划分可参看第四章第二节的相关内容。

（二）电网投资项目数智化中台评价项目效益指标

按照安全效益、经济效益、社会责任效益、运行效益等维度，构建了13类专项项目指标，分别为电网基建、零星购置、小型基建、生产技改、生产大修、生产辅助技改、生产辅助大修、电网数字化、营销、研究开发、管理咨询、教育培训、股权投资。以主网基建的输变电工程为例，其经济效益指标包括单位投资电量增长贡献负载率和项目达产度；运行效益指标包括项目年度轻载时长占比、项目平均负载率和项目最大负载率；可研目标实现度以可研目标实现度为指标，其余专项项目指标的划分可参看第四章第二节的相关内容。

三、电网投资项目数智化评价中台指标数据验证

基于数据中台，按照"数据溯源——核定测算标准——开展项目/单位评价"的流程，完成电网基建（主网、配网）专项指标数据验证工作。

（一）划定项目范围，核实数据溯源

范围选定条件总纲，并考虑专项特性，选取适合评价的项目类别，并据此确定项目数据源端系统，然后根据项目范围、项目类别、源端系统获取项目清单。例如，首先选择投产三年及以上的电网基建类项目，其次按照主网基建的特性选择电压等级为220千伏和110千伏的变电工程、线路工程和输变电工程项目，再次以PMS项目数据为依据，最后据此获取项目清单。

（二）核定测算标准，实施数据验证

1. 指标拆解

指标拆解是对指标公式进行拆解，以确定指标所需的数据维度。

现以输变电工程的单位投资电量增长贡献负载率为例。

单位投资电量增长贡献负载率＝（单体项目投资÷网供电量增长值）÷（全省项目投资÷全省网供电量增长值）×100%

拆解为：全市输变电工程 2019 年项目投资总额；单体项目投资额；全省输变电工程 2020 年网供电量减去 2019 年网供电量；项目 2020 年网供电量减去 2019 年网供电量。

2. 数据定源

数据定源是确定指标相关数据的来源系统。例如，PMS 系统提供投产时间和容量数据，而用电采集系统提供网供电量数据。

3. 数据获取

数据获取是根据已确定的项目范围和数据定源收集相应数据，并将其整理成表（见表 7-1）。

表 7-1 数据表

	A	B	C	D	E	F	G	H	I
	项目名	2019年负荷	2020年负荷	2021年负荷	容量（MVA）	2019年度达产度	2020年度达产度	2021年度达产度	项目达产度
	安沙变电站#1高	19.54	19.54	19.54	31.5	6.203174603	6.203174603	6.203174603	6.203174603
	安沙变电站#1中	-3.34	-3.34	-3.34	31.5	-1.06031746	-1.06031746	-1.06031746	-1.06031746
	安沙变电站#1低	-15.99	-15.99	-15.99	31.5	-5.076190476	-5.07619048	-5.07619048	-5.07619048
	安沙变电站#2高	11.85	11.85	11.85	31.5	3.761904762	3.761904762	3.761904762	3.761904762

4. 数据验证

基于表 7-1 中的数据，结合指标公式进行计算。

5. 评分标准确认

评分标准通过定性法、标杆法、正态分布法、线性分布法来确定。

定性法，适用于需要直接结论的指标，根据结果直接赋分。例如，设备可用系数降低，不得分；没有变化，得 50 分；提高，则得 100 分。

标杆法，适用于国网、省公司有硬性指标要求的指标，根据标杆区间赋分。例如，停复电成功率达到 100%，不扣分；达到 98% 及以上，扣本项分值的 10%；在 90%~98%，扣本项分值的 30%；低于 90%，扣本项分值的 100%。

(三)开展评价流程,提出适当建议

基于以上标准获取专项目评分,并进行评价和排名,分析评价得分的原因,提出合适的建议。

第二节 电网投资项目数智化评价支撑中台开发及成果展示

一、电网投资项目数智化评价支撑中台开发设计

在"五库全链条"管控策略的基础上,可以将项目全过程管理分为项目规划、项目需求、项目前期、项目储备、项目计划编制下达、项目执行、项目评价、项目考核 8 个管控环节,如图 7-3 所示。

项目规划和项目需求是两个并行的环节,都是项目的开端。

(一)项目规划

以公司规划和各专项规划成果为基础,构建"五库"中的规划库,是所有常规项目的启动环节。

(二)项目需求

以生产经营实际需求为基础,构建"五库"中的需求库,是部分不符合纳入规划条件项目的发起环节,如技改、大修、应急等项目的发起环节。

(三)前期环节

重点落实项目的建设条件,包括项目的必要性、可行性和经济性,各级专业部门负责从规划库和需求库中筛选项目开展可研编制,各级中心对项目可研开展统一评审,并在下达可研评审意见后,将项目推送至"五库"中的储备库,之后,各级专业部门将根据职责界面完成相应的可研批复。

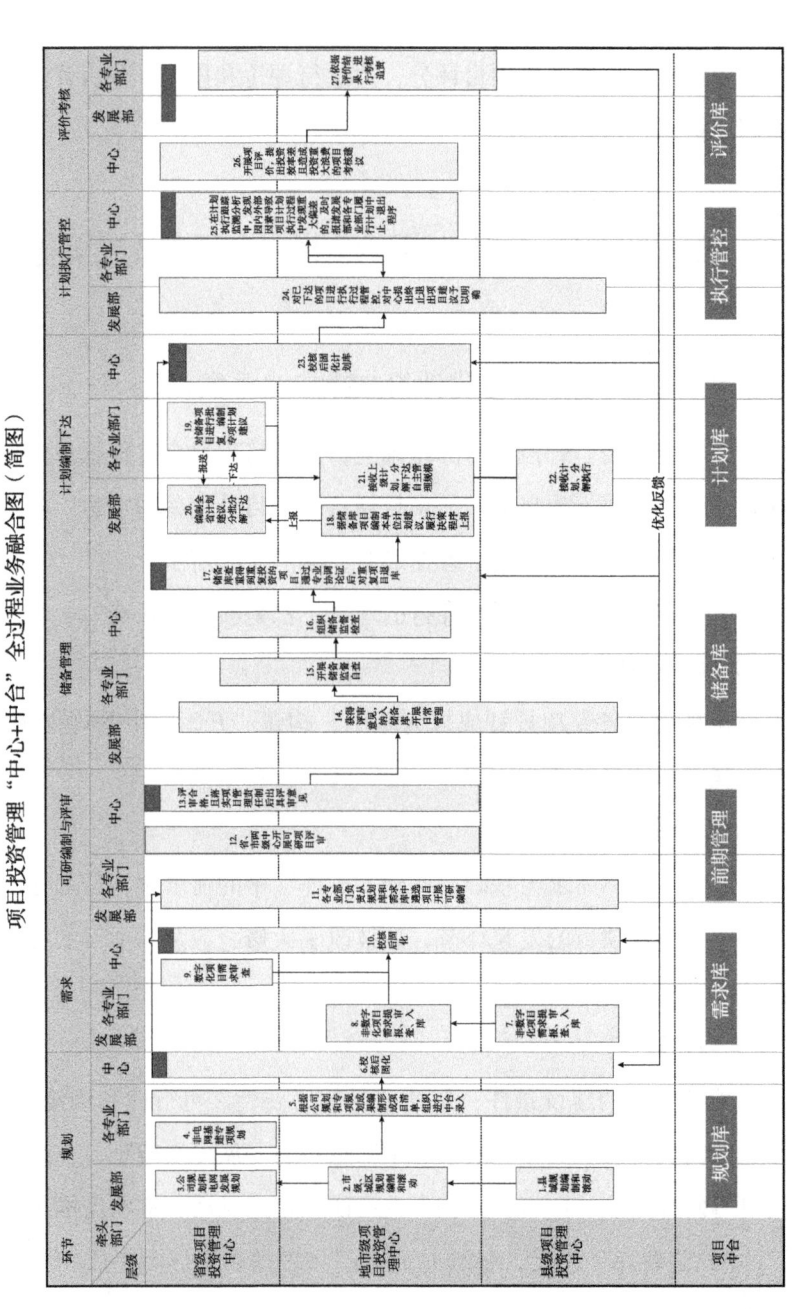

图7-3 电网投资项目数智化管理全过程管控

（四）储备环节

各级中心需要对本单位所有的项目储备质量和重复立项情况进行监督检查，退回不合格或者重复的项目。在核查重复立项时，既要查横向的各个专业之间是否存在重复的问题和储备，也要查纵向的现有的项目储备与之前年份已实施的项目，是否存在重复的建设改造内容。

（五）计划编制下达

在该阶段，各级专业部门将开展优选排序，并从储备库中选择急需实施的项目发起，每年9月，自下而上开展次年度综合计划总控目标建议上报，履行市、省两级公司决策程序后上报国网公司（即为"一上"）；10月，国网公司审定下达公司次年度综合计划总控目标（即为"一下"）；11月，按照一上流程，再次自下而上开展次年度综合计划建议上报，并在履行决策程序后上报国网（即为"二上"）；国网公司"两会"审议通过后，将正式下达公司第一批综合计划（即为"二下"），省、市公司将根据相应管理界面，履行决策程序后自上而下分解下达；年度调整计划建议和次年度预安排建议一般和次年度总控目标建议同步上报、同步下达。其中，省公司发展部建项对A计划中的总部、省公司管理项目推送ERP建项；市州发展部建项对A计划中的10千伏及以下配网基建项目、零星购置的项目包进行分解；省公司财务部建项对B计划统一推送ERP建项。

（六）执行环节

各级中心通过中台全链条节点管控功能，精准甄别执行受阻和进度滞后的项目，及时发出预警，动态优化项目建设的时序安排，及时终止无法实施的项目，以避免或减少投资损失，并防范投资风险。

（七）评价环节

利用中台项目画像和在线评价结论，系统分析和排查影响项目投入产出水平的关键问题和因素，构建"五库"中的评价库，并将评价结论向上游的前期、储备、计划等环节推送应用，实现项目的闭环管理，为后续的项目安排提供决策支撑。

（八）考核环节

针对投资效益差且造成重大投资浪费的项目提出考核建议，并根据评价结果进行考核追责。

二、电网投资项目数智化评价支撑中台成果展示

以电网基建专项为重点，验证项目评价数字化架构，开发电网基建示范应用评价功能，并完成公司效益评价页面、配网专项评价页面、评价项目库、评价指标库、评价标准库、评价结果清单六个模块的功能开发和上线。

（一）评价首页

评价首页包括总体投资效益、年度计划项目评价、分数区间分布和项目评价分数排名，主要通过效益评价和日常评价展示公司层级的年度项目评价结果，并分析其指标数据和项目分数分布趋势，如图7-4所示。

（二）专项评价

专项评价包括地市公司指标分值、评价排名、长沙市概览和某区概览以及指标得分，主要展示各地市配网项目的评价结果，分析地市公司下级供电单位的不同维度的（如经济、社会、安全）指标数据情况，图7-5为专项（配网）评价页面。

图 7-4　中台评价首页

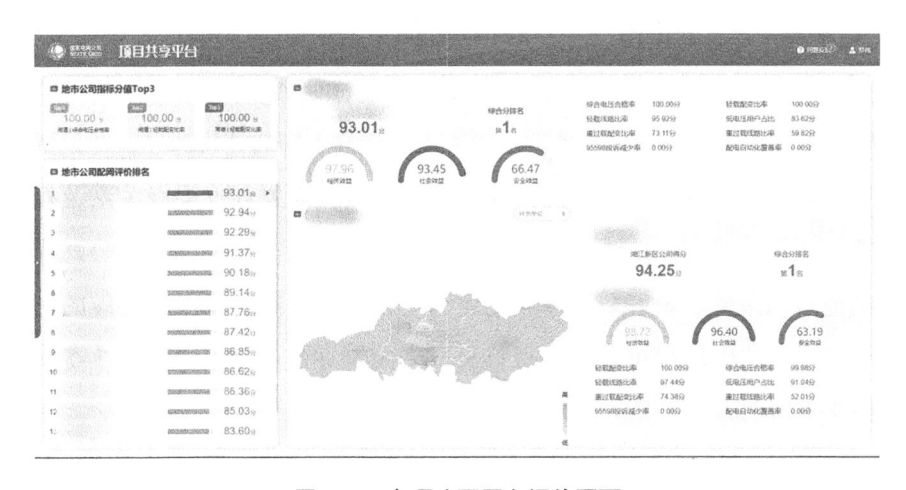

图 7-5　专项（配网）评价页面

（三）评价指标库

评价指标库包括指标编号、名称、获取方式及指标说明等，是所有相关项目评价指标的管理中心，主要为项目评价提供数据支撑，如图 7-6 所示。

图 7-6 评价指标库页面

（四）评价标准库

评价标准库包括标准名称、类型、范围、专项类型及评价主体等关键信息。根据项目评价主体的不同需求，创建不同的评价标准，并设置项目评价所涉及的指标（如果涉及指标分类，需要创建层级关系及权重），同时针对不同指标的评价差异，单独设置每个指标的评价公式及其他附加条件。最后系统根据创建的评价标准运行，输出相对应的评价结果，这些结果可以在评价首页或者配网评价中展示，如图 7-7 和图 7-8 所示。

（五）评价项目库

评价项目库包括项目名称、编码、所属单位、专项类型等，是集中管理参与评价项目的功能，可在其中查找相关项目进行编辑，如图 7-9 所示。

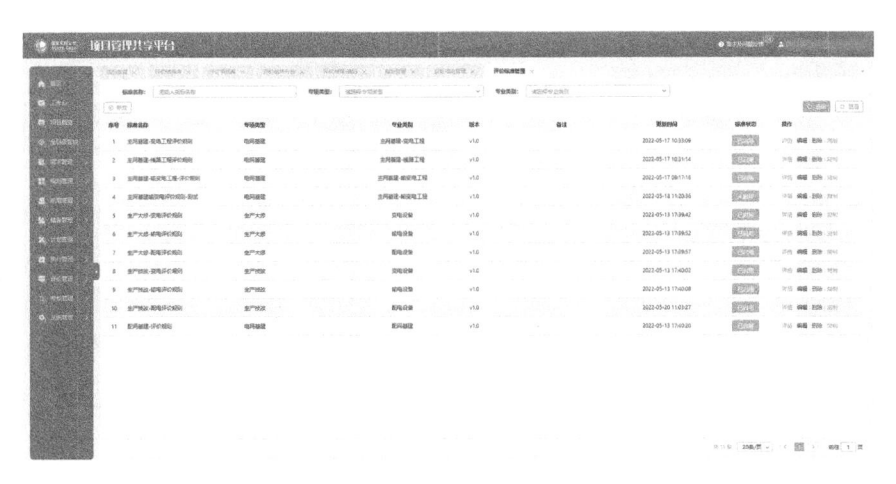

图 7-7 评价标准库页面

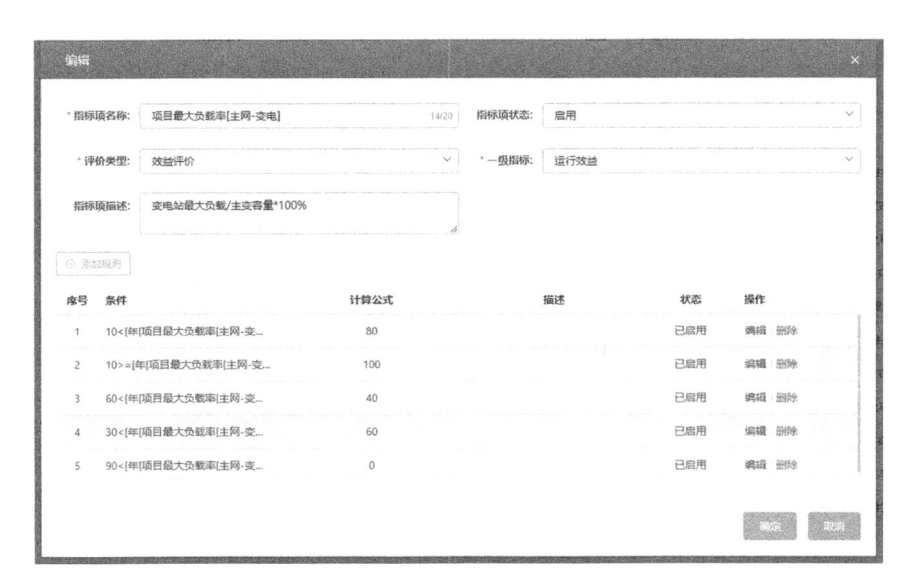

图 7-8 评价规则设置页面

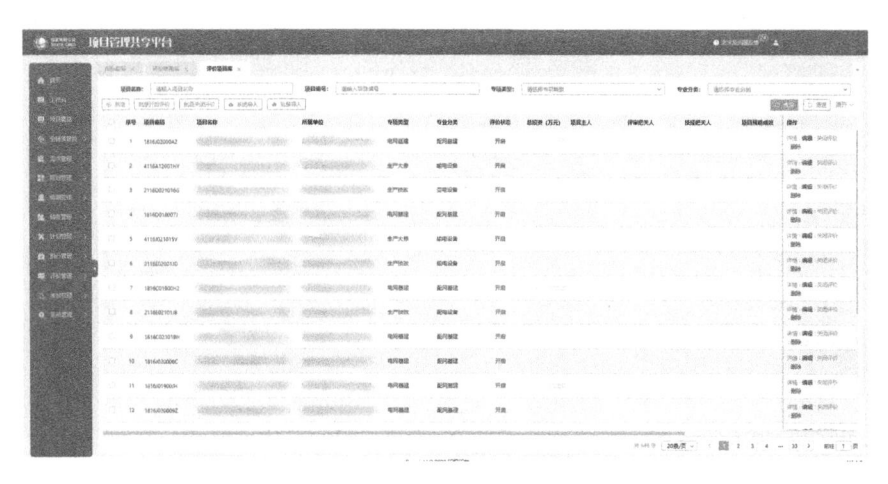

图 7-9 评价项目库页面

（六）评价结果库

评价结果库包括项目名称、编码、项目过程得分、项目效益得分等内容，具有项目评价结果的表格输出功能，便于用户查询。通过编辑和分析评价结果，可详细获得每个项目的具体指标得分，从而有助于进行项目分析，如图 7-10、图 7-11 和图 7-12 所示。

图 7-10 评价结果库页面

第七章　电网投资项目数智化评价支撑中台设计

图 7-11　评价结果编辑页面

图 7-12　评价结果分析页面

三、示范应用现状

截至目前，电网基建示范应用的评价功能已经上线，公司效益评价页面、配网专项评价页面、评价项目库、评价指标库、评价标准库、评价结果清单六个模块的功能开发和上线工作已经完成。在评价项目库中，已纳入主网、配网基建共计 212 个项目；在评价指标库中，已制定主网、配

151

网基建共计 70 条评价指标；已实现主网、配网基建共计 123 条效益评价；已输出 275 条评价结果。

电网投资项目数智化评价已在众多项目中得到应用，并取得显著成效，在配网、技改和零购等方面均有较为成熟的应用案例，如图 7-13 和图 7-14 所示。

2.建设成果 国网湖南电力有限公司

2.3 配网案例2-上河溪A台区改造工程

改造前
问题台区：上河溪A柱上变
配变容量：200kVA
供电户数：234户
户均容量：0.85kVA
低电压用户：91户
低电压总户天数：1931户·天

改造方案
为解决"上河溪A柱上变"低电压问题，本期工程新增布点台区1个，配变容量200kVA

改造后
问题台区：上河溪A柱上变
配变容量：200kVA
供电户数：82户
户均容量：2.43kVA
低电压用户：22户
低电压总户天数：739户·天

问题：
1. 问题台区改未改好。
2. 新建上河溪中街台区切改负荷不合理。
3. 影响台区，改未改好。

影响台区：上河溪村文家湾组变
低电压用户：66户降低36户
低电压总户天数：796户·天降低392户·天

新建台区：上河溪中街组柱上变
配变容量：200kVA
供电户数：176户
低电压用户：0户
最大负载率：124.4%

图 7-13 数智化评价配网案例

2.建设成果 国网湖南电力有限公司

2.3 技改案例-110kV蔡华线江东公变等老旧高能耗配变改造项目

改造前
哂金变
配变容量：50kVA
供电户数：19户
过载时长：0小时

改造方案
该项目为解决某县投运年限在2018年至2021年S9型号的高耗能变压器设备老化，损耗严重问题，对100台高耗能配变进行更换。

改造后
哂金变
配变容量：50kVA
供电户数：19户
过载时长：25.25小时

问题：
2. 结论：发现属于典型工程设计方案"蜻蜓点水"案例，项目设计阶段仅考虑了配变损耗问题，未考虑符合自然增长，按照原配变容量进行更换，导致改后短期内发生季节性过载情况，后续或将进行配变容量升级，造成投资浪费。

图 7-14 数智化评价技改案例

通过分析上述两个数智化评价案例，我们可以看到电网引入数智化评价后带来的优势。

一是精准评估和预测需求。数智化评价通过整合先进的数据分析技术和机器学习算法，能够深入分析历史电力使用数据，识别用电模式和趋势。这使电力公司能够预测未来的电力需求，包括季节性变化和日常波动，从而更精确地规划电力生产和分配。

二是优化资源分配。数智化评价可以帮助电力公司识别电网中的瓶颈和低效环节，从而实现资源的优化配置。通过实时监控电网状态和负载分布，电力公司可以调整电力流向，确保电力供应与需求的精准匹配。

三是提高供电可靠性。数智化评价通过实时监控电网状态，能够快速识别和响应供电问题，如故障、过载或低电压情况。这有助于减少停电事件，提高供电的连续性和可靠性。此外，数智化评价还可以预测潜在的供电问题，使电力公司能够采取预防措施，避免供电中断。

四是降低运营成本。数智化评价通过优化电力生产和分配，可以减少能源浪费，降低运营成本。例如，通过预测需求和调整电力生产，可以减少过度发电或发电不足的情况，从而降低燃料成本并提高能源效率。同时，数智化评价还可以减少维护和检修的成本，通过预测性维护减少意外停电和维修需求。

五是增强系统的适应性和灵活性。数智化评价使电力系统能够快速适应电力需求的突然增加或减少等变化。通过实时数据分析和动态调整，电力系统可以灵活应对各种情况。这种适应性和灵活性有助于确保电力供应的稳定性，即使面对不可预测的情况，也能保持电力系统的高效运行。

第三节　电网投资项目数智化支撑中台管理质效

有效实施电网投资项目的数智化中台管理，关键在于实现"四个管住"，即管住前期、管住储备、管住执行和管住评价。

一、管住前期

一是充分发挥规划引领作用，全面依托项目中台进行项目规划库的管理，项目投资管理中心通过规划执行率来管理规划库与储备库、计划库的衔接情况，明确规划执行的计算方式。各专业在规划库中将公司规划细化并分解到具体项目中，各级项目中心应监测规划分解情况，建立年度滚动机制，以增加项目库弹性，并在投资管理中优先安排规划项目，充分发挥规划的引领作用。

二是严格评审计划管理，可研评审工作计划安排实行"固定批次"和"临时批次"相结合的方式。目前，技改大修已发布年度评审计划，其他专项原则上也应每月安排一批评审计划，确保评审计划的科学性和均衡性，支撑各专项储备的常态化开展。

三是严格管控评审质量，可研报告在最终定稿前，必须履行技术、技经、财务专家的"三签字"程序，各级中心方可出具评审意见，对于项目可研必要性不足、项目可研内容重复立项及虚列工程量等问题项目，一律实施否决机制。不予出具评审意见。横向上，各级中心应与发展部和各专业部门协作，通报评审情况，通过严格评审环节来提升本单位项目储备质量。纵向上，省级中心应定期对市级中心可研评审质量进行抽查评价，抽查比例不得低于项目数量的5%。

四是建立健全专家库机制，各市州公司可参照《国网××省电力有限公司非电网基建项目可研评审专家管理实施细则》，建立本单位专家库，覆盖23个专项和对应的二级专业，并积极推动评审专家的履职评价情况与其个人绩效挂钩，以此激发专家参与评审活动的积极性。

五是实施项目责任制，在评审可研收口环节，明确项目责任人、项目技术经济责任人和可研评审责任人的"三种人"制度，严格执行"投资必有效、无效必追责"的原则。

二、管住储备

一是开展项目常态储备。2月至3月，启动公司2023年常态储备工作，全面实施对储备工作的日常监督，对储备的进度和质量进行月度跟踪和通报。按照"无可研评审意见不储备、无储备无可研批复不计划"的原则，确保储备项目满足计划下达的要求，原则上，各专项项目储备规模应在6月底前达到上一年度的投资规模，并在8月底前达到上一年度投资规模的1.5倍。

二是提升项目储备质量。各单位通过储备项目的监督自查或交叉互查等方式，按月跟踪本单位的储备质量，6月底前，发展部组织储备的集中审查，包括规范性、可行性审查以及专项内及专项间的项目排重及项目关联分析等工作。同时，省、市两级项目投资管理中心要深化项目查重、储备关联论证方法的研究，并通过中台实现智能化管理。各专项应在计划安排前完成对本专项储备项目的优选排序。

三、管住执行

一是强化全链条管控。各级项目投资管理中心充分应用项目中台，实现项目从规划需求到评价考核的全过程节点管控，通过日常跟踪和月度通报综合计划项目的执行情况，对不符合发展规划、不严格遵守审批流程的，要坚决"踩刹车"，及时中止或终止项目；对执行受阻、进度滞后或难以落地的，应及时预警分析，提出改进措施，确保计划项目能高效实施。

二是抓好里程碑管控。根据公司管理要求，实施里程碑管理，第一批综合计划中已下达的项目在 3 月 15 日前应开尽开，第二批综合计划在 3 月底前完成分解下达。以 3 月 15 日前全面开工为目标，各级项目投资管理中心将对项目进度实施"一月一报"管控，并将进度落后的项目纳入预警管理。在批次计划编制过程中，发展部协同各专业部门科学合理编制项目里程碑节点计划，计划下达后，严格按节点推动项目建设，避免突击开工和突击入账现象，提升项目的合规水平和执行效率。

三是做好综合计划执行专项检查。结合项目中台，采取线上与线下相结合的检查方式，对全量综合计划项目的真实性、合规性、建管用责任的落实、执行进展情况、实施有效性、实施成效等进行检查，进一步明确问题的表现形式，找出问题根源，制定预防和控制措施，予以考核通报，建立长效机制。

四、管住评价

构建并完善两套项目评价指标体系。已完成 A 计划专项的单体项目评价指标搭建，项目中台的评价考核模块正在同步搭建，这两套评价指标体系将在项目中台中得到固化，经过数据溯源、信息贯通，依托项目中台逐步实现全量项目的自动评价，满足多层级用户的需求。各二级单位可参照建立二级单位的项目评价指标体系，构建项目中台评价功能模块，开展第三级评价。

第八章

电网投资项目数智化评价场景设计及策略建议

第一节 电网投资项目数智化评价场景设计

一、电网投资项目数智化评价场景设计思路

电网投资项目数智化场景以"两大基础,四大核心"为基础进行设计。"两大基础"包括"项目中台"评价服务和"数据中台"评价数据,要求项目坚持数据从"中台"来的原则;"四大核心"包括建设评价项目库、资产关联库、评价指标库和评价标准管理,支撑面向所有项目专项三维一体评价应用体系,避免一专项一评价库,一专项一个评价指标功能,一专项一个评价标准管理功能的情况,实现功能共享。

依托这两大基础和四大核心的前台功能,构建了多个典型应用场景,包括高风险项目预警、智能投资辅助决策、投资风险预警管理等。

二、场景一:高风险项目预警

为在项目关键路径上把握进度,需要设立预警机制。这有助于项目进度的高效把控和预警提醒,降低项目延期的可能性。因此,需要科学分析风险或机会,通过指标体系进行得分划分,使平台能更精准、科学、高效地分析风险或机会对项目的影响。

为了进一步提高项目抗风险能力,我们实施了智能项目管理平台,

该平台能够根据风险或机会的影响等级，自动计算出风险系数或机会系数，并对风险或机会进行优先级划分。当系数超过设定数值时，系统会自动将风险或机会标红，提醒管理者优先处理。为了进一步应对风险或机会可能造成的影响，平台设有负责人、识别日期、应对策略、应对措施等功能，实行责任落实到人制度。平台设有待办提醒功能，以待办信息的形式自动提醒相关负责人尽早落实应对措施。具体实施页面如图 8-1 所示。

图 8-1　高风险项目预警实施页面

三、场景二：智能投资辅助决策

通过电网投资项目中台指标体系，获取各个项目的得分。结合数据库终端数据、表格和字段等，将信息转化为关键评判指标，并对指标进行范围划分。对于新项目，通过基础数据获得评分，判断是否适合投资，从而实现智能投资并辅助决策。

四、场景三：项目评价中台画像体系应用

（一）项目评价中台画像原理

以投资为核心切入点，以"一体四翼""精准投资"的发展要求为业务视角和目标导向，以项目全链条管控、项目评价和项目中台为基础，构建项目评价画像体系。该体系对项目实施的各个关键节点进行评价和考核，规范项目全过程的管控，从而全面提升项目管理的能力和水平。

（二）项目评价中台画像具体内容

构建项目评价画像体系，对项目实施的各个节点进行评价和考核，规范项目全过程的管控，全面提升项目管理的能力和水平。

项目画像就是将项目基础信息、全链条管控信息等类型数据，通过构建固化的规则，形成基础标签、高级标签、评价体系、多维画像等三级标签体系，赋以反映项目单体或群体特性的定性及定量可视化输出，同时针对不同的功能应用需求，构建自定义规则，形成智能辅助应用的可视化输出，图 8-2 为中台评价画像流程。

一是调研收集反映项目事前（规划储备、投资计划）、事中（建设准备、建设实施）、事后（投产运行、建设成效）的相关数据，形成基础数据。

二是通过固化规则对基础数据库进行归档和划分，形成基础标签。

三是通过基础标签的灵活组合形成高级标签，同时对基础标签进行赋值与权重计算，建立评价体系，得出评价结论。

四是通过高级标签和评价结论形成多维画像，用于项目的展示与应用。

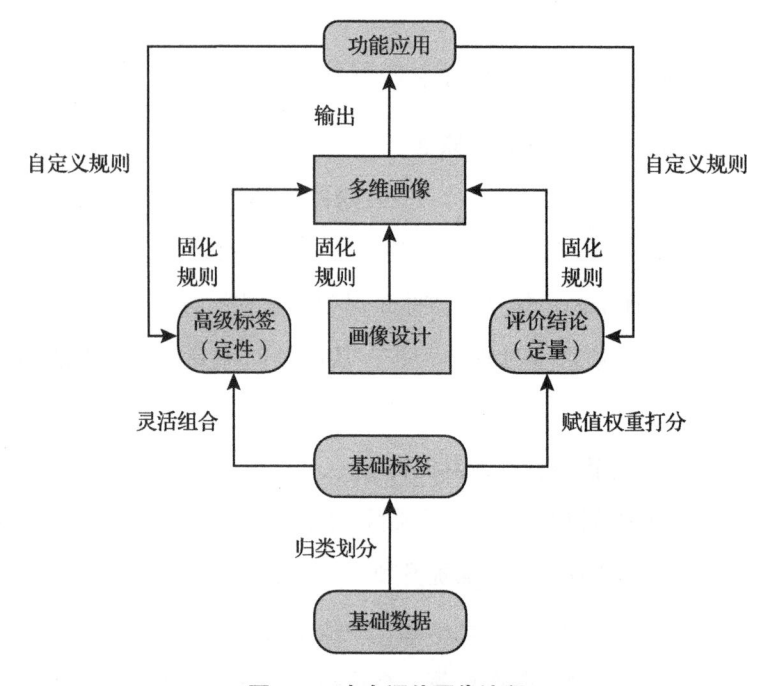

图 8-2 中台评价画像流程

第二节 电网投资项目数智化评价提升策略建议

一、拓展完善指标体系

（一）扩展指标数量，提高指标质量

目前，除电网基建专项按年度开展后评价工作，其他专项较少或并未开展项目评价工作，指标体系建设的基数较薄弱，各级专业部门对项目评价指标体系建设支撑力度有高有低，各专项项目评价指标的针对性及质量不尽相同。在此提取以下建议：一是先行按现有指标体系进行开发；二是多级协调，提升项目评价指标的针对性，提高评价指标的质量；三是通过项目中台评价中心的相关结果、结论，推动各级加强项目评价指标体系建设。

（二）拓展项目评价范围，构建全面指标体系

扩展项目评价范围，建立非电网基建项目的评价体系，全面、客观地对公司发展业务进行评价。同时，固化项目中台的评价中心的评价指标体系，进一步实现项目的自动评价，提升项目管理投资决策水平，为公司的精准投资管理提供管控工具。这不仅完善了公司的业务评价体系，还满足了公司高质量发展的要求。

二、改进中台系统功能

（一）判断指标联系，改进源端系统

由于源端系统建设及存量数据录入和治理等原因，部分项目或指标无法关联设备或运行数据，该项目或指标无法实现自动评价。因此建议：若源端系统存在项目或指标需要的设备或运行数据，则减少纳入评价的项目数量，人为进行数据治理和关联，后续对源端系统建设提出建议；若源端系统不存在需要的设备或运行数据，则本次不纳入自动评价，后续对源端系统建设提出建议。

（二）拓展相关功能，加强辅助管理

由于指标体系所覆盖的专项类型广泛，对项目管理进程有一定的影响，部分项目在中台中能实时处理判断数据的合理性，但中台作用目前较为单一。因而建议：开发中台辅助功能，运用中台实时数据进行投资分析、风险分析等，进行项目预警等场景应用。

三、加强场景应用提升

（一）探索评价画像应用，辅助项目投资决策

通过对项目进行画像，全面快速地展示了项目全过程以及建成后效果效益的各类信息，发现各专项项目的特点，以此为基础进行分级标签建模，并聚焦项目风险，强化异常项目的整改和日常预警，加强项目安全管控。同时，对项目进行直观、多维度、全方位的定量与定性评价。针对不同项目的不同建设过程、达成不同的投资效益，直观地展示各类项目的建设优缺点，在后续的项目建设过程中扬长避短，实现精准投资，辅助投资决策。

（二）提高管理经济效益，助力提质增效发展

通过过程评价，反馈管理中的堵点、难点、重点，引导决策者快速采取应对措施；基于线上获取数据、后台指标计算、中台生成报告，辅助决策者快速掌握项目信息，从而提升管理效益。通过效益指标评价，分析项目投资回报情况，为领导层的投资策略提供支撑；同时强化成效评估以及项目评价考核。健全项目全过程管理措施，提高投资效率效益，杜绝无效投资，减少低效投资，形成更高效、更高质量的投入产出关系，防范投资风险，提高投资管理效益，投资模式由"大规模投资"转向"精准投资"，实现"大步走"向"稳步走"的转变，推动公司和电网业务的高质量发展，以此提升经济效益。

通过辅助项目投资决策，促进各地区项目投入的均衡发展。通过项目的精准投入，完善电力基础设施设备的建设，保障高效执行，保障电网稳定运行，提升各地区企业及居民的用电满意度，提升服务质量，彰显国企的社会担当，进一步增强社会效益。